经理人下午茶系列 ⑥

谈判

较量的艺术

《哈佛管理前沿》《哈佛管理通讯》编辑组 编
李尚杰 罗雅琴 译

商务印书馆
2005年·北京

Winning Negotiations That Preserve Relationships

Original work copyright © Harvard Business School Publishing Corporation.

Published by arrangement with Harvard Business School Press.

图书在版编目(CIP)数据

谈判——较量的艺术/《哈佛管理前沿》《哈佛管理通讯》编辑组编；
李尚杰,罗雅琴译. —北京:商务印书馆,2005
(经理人下午茶系列)
ISBN 7-100-04629-7

I.谈⋯ II.①哈⋯②李⋯③罗⋯ III.企业管理:人事管理 IV.F272.92

中国版本图书馆 CIP 数据核字(2005)第 066213 号

所有权利保留。
未经许可,不得以任何方式使用。

谈 判
——较量的艺术
《哈佛管理前沿》《哈佛管理通讯》编辑组 编
李尚杰 罗雅琴 译

商务印书馆出版
(北京王府井大街36号 邮政编码 100710)
商务印书馆发行
北京瑞古冠中印刷厂印刷
ISBN 7-100-04629-7/F·569

2005年11月第1版　　　开本 650×1000　1/16
2005年11月北京第1次印刷　印张 11
印数 10 000 册
定价: 29.00 元

商务印书馆—哈佛商学院出版公司经管图书翻译出版咨询委员会

（以姓氏笔画为序）

方晓光　盖洛普（中国）咨询有限公司副董事长
王建铆　中欧国际工商学院案例研究中心主任
卢昌崇　东北财经大学工商管理学院院长
李维安　南开大学国际商学院院长
陈国青　清华大学经管学院常务副院长
陈欣章　哈佛商学院出版公司国际部总经理
忻　榕　哈佛《商业评论》首任主编、总策划
赵曙明　南京大学商学院院长
涂　平　北京大学光华管理学院副院长
徐二明　中国人民大学商学院院长
徐子健　中国对外经济贸易大学副校长
David Geohring　哈佛商学院出版社社长

致中国读者

哈佛商学院经管图书简体中文版的出版使我十分高兴。2003年冬天,中国出版界朋友的到访,给我留下十分深刻的印象。当时,我们谈了许多,我向他们全面介绍了哈佛商学院和哈佛商学院出版公司,也安排他们去了我们的课堂。从与他们的交谈中,我了解到中国出版集团旗下的商务印书馆,是一个历史悠久、使命感很强的出版机构。后来,我从我的母亲那里了解到更多的情况。她告诉我,商务印书馆很有名,她在中学、大学里念过的书,大多都是由商务印书馆出版的。联想到与中国出版界朋友们的交流,我对商务印书馆产生了由衷的敬意,并为后来我们达成合作协议、成为战略合作伙伴而深感自豪。

哈佛商学院是一所具有高度使命感的商学院,以培养杰出商界领袖为宗旨。作为哈佛商学院的四大部门之一,哈佛商学院出版公司延续着哈佛商学院的使命,致力于改善管理实践。迄今,我们已出版了大量具有突破性管理理念的图书,我们的许多作者都是世界著名的职业经理人和学者,这些图书在美国乃至全球都已产生了重大影响。我相信这些优秀的管理图书,通过商务印书馆的翻译出版,也会服务于中国的职业经理人和中国的管理实践。

20多年前,我结束了学生生涯,离开哈佛商学院的校园走向社会。哈佛商学院的出版物给了我很多知识和力量，对我的职业生涯产生过许多重要影响。我希望中国的读者也喜欢这些图书，并将从中获取的知识运用于自己的职业发展和管理实践。过去哈佛商学院的出版物曾给了我许多帮助，今天，作为哈佛商学院出版公司的首席执行官，我有一种更强烈的使命感，即出版更多更好的读物，以服务于包括中国读者在内的职业经理人。

在这么短的时间内，翻译出版这一系列图书，不是一件容易的事情。我对所有参与这项翻译出版工作的商务印书馆的工作人员，以及我们的译者，表示诚挚的谢意。没有他们的努力，这一切都是不可能的。

哈佛商学院出版公司总裁兼首席执行官
万季美

目录

引　言 ... 001

第一部分　以协作精神谈判

1. 最佳谈判建议 ... 018
2. 如何实现既定目标 ... 030
3. 与马克·戈登双赢 ... 036
4. 卓越的谈判　　　汤姆·克拉登马克尔 ... 046

第二部分　构建并维护战略合作

1. 如何通过谈判结成铁血联盟
　　　　　　　　丽贝卡·M.桑德斯 ... 058
2. 让你的提案成为首选　　尼克·雷登 ... 068
3. 合适的框架　　玛乔丽·科尔曼·阿伦 ... 080
4. 达成交易之后　　斯蒂芬·伯恩哈特 ... 092
5. 作为商业过程的谈判　　杰夫·韦斯 ... 102

第三部分　在压力下谈判

1. 如何与顽固的对手谈判　　安妮·菲尔德 ... 108
2. 工作谈判　　　　　　　　尼克·摩根 ... 118
3. 转变谈判观念　　　　　　尼克·摩根 ... 126

4. 专家谈判   140

第四部分　跨文化谈判

1. 海外经商如何避免成为"丑陋的美国人"
                          安德鲁·罗森鲍姆   150

2. 如何避开跨文化谈判中的陷阱
                          安德鲁·罗森鲍姆   160

作者简介   168

引　言

当你想到"谈判"这个词语时,首先映入脑海的是什么?会不会是这样一幅场景:咄咄逼人的谈判双方的高层人士坐在一张巨大的谈判桌旁,携带着精心制作的文件资料和公文包,决意要一较高下、击败对手?当然,有些谈判确实在这样的氛围中进行,也确实充满了竞争与敌意。但谈判最好是协作式的,即双方在谈判之前就会假定:维系彼此良好的关系与交易的细节一样至关重要。

维系良好关系的谈判会促成非常有价值的商业成果,它可以帮助我们:

➤ 找到创造性解决问题的方法
➤ 积累谈判技巧,使日后的谈判更顺利、更成功
➤ 巩固可贵的工作关系
➤ 避免双方冲突的升级
➤ 达成对己方公司及对方公司都有利的协议

相反,如果缺少谈判技巧,不仅会给个人的工作展开造成巨大的障碍,更会祸及整个公司。谈判过程中如果处理不好会引起各种麻烦。只需稍稍设想以上列

举五种益处的反面情况,相信你将对此有所认识:最终签订的协议让公司蒙受损失?眼看谈判桌上的冲突愈演愈烈?发现与同事的关系恶化到无法弥补?以上种种结局都同样糟糕。

很显然,以维系良好关系为出发点、娴熟地进行谈判需要付出巨大的努力。同时也需要学习与实践。

谈判的定义

无论在工作还是在家庭生活中,我们每天都会卷进无数的谈判活动中。事实上,只要我们与同事、家人、朋友、邻居或售货员打交道,就可能会涉及谈判。比如,在一天中,你可能会:

➢ 和上司协商给自己加薪
➢ 和家中十岁的孩子达成协议,允许她看多长时间的电视
➢ 和预期的海外供货商确定商品价格及发货条款
➢ 就某处房产报价
➢ 决定采用哪份报告来解决新项目中的哪项特定任务
➢ 向上级管理层争取完成年度目标所需的部门预算额

但究竟何为谈判?为什么在当今工作中,谈判对于那些希望有最佳表现的经理来说日益重要?谈判并

非是打败对手,也不是占对方便宜,而是就某个问题达成一种各方一致接受、互惠互利的解决方案;谈判更不仅仅指在交易中获取一个好价位,理想的谈判应能使各方受益,相互建立一种持久的良好关系,从而使参与各方相互信任,彼此坚信合作会完全按照合同来执行。

成功的谈判者最终获取的利益会远远不只是价格这一项。下面就是一个例证:一位刚入行的咨询师帮助一位新客户分析某项投资的可能性。这位客户在行业中享有极高的声誉,但当时预算比较紧张。最后商定聘请该咨询师,但咨询费用打折。这种谈判结果既满足了咨询师许多非经济方面的利益,比如在自己的客户列表中添加了如此高信誉的客户,并树立了"口碑效应"等等;同时它也使该客户开始"试用"新人,从而在资金吃紧的情况下节省了花在咨询上的大笔开销。尽管双方商谈、处理的都是财务条款,但交易的最终细节所解决的却远远超越了金钱问题。

关系与协作

工作谈判的一个显著特点是:牵涉到的参与者众多且利益范围十分广泛。这类谈判是在一张巨大的人际关系网内展开的,其中包括雇员、客户、伙伴公司甚至是竞争者。

要想提高谈判技巧，首先应该把谈判视为一个过程，而非某种一次性的交易。这个过程在竞争与协作之间达成一种微妙的平衡。如果处理得当，它会促成一种长期、积极的协作关系，即专家们所称的"战略联盟"。

在战略联盟中，人们彼此十分坦诚，乐于分享信息，并自由表达情感。同时，他们相互信任，深信各自在保护自己利益的同时也会兼顾对方的利益。在这种关系里弥漫着合作与和谐的因子，大家都能感受到彼此融洽的关系在继续发展。每位参与者都认真聆听对方的意见，并不断提出问题。这是将对方视为伙伴，而非敌手。

为什么要强调关系？正如丽贝卡·M.桑德斯（Rebecca M. Saunders）在"如何通过谈判结成铁血联盟"一文中所述："战略联盟在当今的商业格局中居主导地位。一些公司总不断发布其与供应链伙伴、竞争者甚至是前客户之间的协议。"如果再算上合资、合作、联合以及并购等行为，则能更清楚地表明联盟在贸易活动中所居的主导作用。

此外，许多经理发现，命令—控制式的等级体系及严格统一的管理并不一定能提高公司的生产力、利润率和工作效率。相反，许多公司通过建立一种更"扁平化"的决策体系，激发了员工的创造力。当然，随着创造力的提升及扁平化决策体系的实施，公司各层会出现更多的冲突。但当公司上下有更多的人参与到决策

之中,而不是仅仅简单地服从命令时,他们之间相互依存的程度就会加深。换句话说,当今我们越来越依赖彼此之间的参与、合作来完成工作。

扁平化组织结构只是引起工作冲突与误解的来源之一。随着公司业务拓展至全球各个国家,文化差异则成了相互建立紧密联系更大的绊脚石。

当然,所有这一切并不是说,建立关系比实实在在的商业成果更重要。正如西·兰多(Sy Landau)、芭芭拉·兰多(Barbara Landau)和达里尔·兰多(Daryl Landau)在"工作谈判"一文中所说:

在组织中,结果与关系同等重要。组织之所以存在,正是靠各成员彼此合作来达成结果。解决问题的方式应当是既鼓励不同观点之间相互竞争,同时又促进各个参与者相互合作。这是协作的真谛。

本书的四个部分将带你闯过在维系良好关系的谈判中可能遇到的各种挑战:

➢ 创建谈判过程中的协作语境
➢ 构建并维护坚实的战略合作
➢ 在压力环境中谈判(比如在激烈冲突中,或对手非常顽固精明时)
➢ 避开跨文化谈判的陷阱

下面我们将详细探讨每个主题。

以协作精神谈判

为谈判建立一种协作的气氛，应该从哪里着手呢？首先应该弄清楚"立场"与"利益"两者的区别。本部分中第一篇文章"最佳谈判建议——从坐上谈判桌之前到达成交易之后"，把"立场"定义为在某个问题上的姿态，比如"低于3 000块，我是不会卖这部旧车的"；相对地，"利益"指的是产生某种立场的欲望、需求和希望。在上述情况下，利益很可能就是诸如将自己钟爱的车卖给懂得欣赏它的新主人，用这笔交易换来的钱买其他款式的车等等之类的想法。

当双方基于立场谈判时，通常会陷入一种你出价我还价的乏味局面。各自都努力地使最终价位接近自己开始的提议。谈判参与者把大量精力花在反复确认并维护一个又一个立场上，而不是尽力达成一种令双方都获益的解决方案。

而如果基于利益谈判，即深入地了解各种立场背后潜藏的愿望、需求和希望，那么，则更有可能达成连自己都未曾预料到的独特解决方案，一种各方都将更加满意的方案。

在"如何实现既定目标——成功谈判的奥妙与禁

忌"一文中,罗杰·J. 沃尔克玛(Roger J. Volkema)阐述了采取协作式谈判方式的重要性。他认为,只有协作者才"更有可能达成精妙的共赢局面"。何为协作谈判的奥妙之处?答案是:清楚地摆明自己的需要与目标;同时尽力了解对方的利益所在。这可通过提问来完成,但注意多用阐释与总结以检验自己的理解正确与否。千万不要只是"告诉对方现在谈判进行得多么好"。

"与马克·戈登双赢"一文进一步挖掘了成功的协作谈判背后所潜藏的秘密,包括避免立场思维的重要性等等。戈登在这方面理解得更透彻,他竭力主张公司建立一种协作式谈判"体系"。公司应该考虑"他们和其他商业实体之间进行的谈判的总体情况",而不是着眼于单笔交易。企业可以对谈判的总体风格进行评估,然后通过正式或非正式的刺激手段来强化所提倡的协作式谈判方式。

在"卓越的谈判"一文中,汤姆·克拉登马克尔(Tom Krattenmaker)更详尽地阐述了这一部分的主题。他提供了七种加强商业联盟的有效技巧。这些建议大多围绕如何创建一种协作谈判的气氛而展开。比如,克拉登马克尔认为,谈判者应当设想他们面对的是共同的挑战或问题,而不是在进行一种零和的竞争,即一方获益,另一方就必定受损。

克拉登马克尔也同意戈登的观点,认为各公司应可以进一步强化谈判体系。他指出，公司必须"更加关注战略关系"，尤其要重视它们所指派的谈判代表。用克拉登马克尔的话说，"你需要指派的是能够和你一样代表公司形象的人选。"在当今世界，这种人选不再是"一个号召者，可以发动同志们拿起武器，不惜一切去击败敌人"。相反，"理想的联络者应拥有说服和交流的天赋，并能理解同盟的需要，然后清楚地表达出来"。

构建并维护战略合作

这一部分主要讨论与个人相对的公司间的战略关系。在"如何通过谈判结成铁血联盟"一文中，丽贝卡·M. 桑德斯指明了谈判的方向：如何让伙伴公司同意结盟，又如何敲定最终协议的细节？其中的关键是什么？桑德斯认为应该是：确定伙伴关系能为己方带来的利益及己方能够给予的回报。

为了吸引合作者，谈判组所有成员都应开动脑筋，设定一份目标清单，然后将这些目标排序，并判断其中哪些可能会破坏谈判的进行。同时，研究各个公司的年度报告、简报以及公共关系，再据此编订一份预期合作公司名单。如果可能，找他们的客户谈一谈，也可以参加行业会议，听听其主管的发言。应尽量与预期合作者达成共识，确定双方最终目标是建立一种相互信任的关系。

在确立联盟的具体条款时,应主动与对方分享己方信息,清楚地表明双方共同的目标及需求,并仔细聆听,以检验自己的各种猜测是否正确。同时也要发问,但不可操之过急。既然想要建立一种长期的关系,就应该心甘情愿地抛弃那些不切实际的想法。

在"让你的提案成为首选"一文中,尼克·雷登(Nick Wreden)从对方的角度来考察谈判,即从被寻求建立战略关系的公司入手。雷登建议说,如果想提升成为战略伙伴的几率,就应当避免己方提议在第一轮会面中就被剔除出去。

其中的核心因素是建立一种严格的制度以保障自己不致在最后关头做出草率、冲动的决定,因为这种草率只会导致错误。应当站在预期伙伴公司的角度分析其要求,然后制定战略计划,确定对策、人员要求及可能的价位,拟定时间表和责任明细表。雷登在文章中定义了一个良好提议所涵括的各种要素和品质,并就如何将书面陈述个性化提出了具体的建议,以符合预期合作伙伴的要求。

提议的结构与其所涵盖的细节一样同等重要。在"合适的框架——操纵意义与提出建议"一文中,玛乔丽·科尔曼·阿伦(Marjorie Corman Aaron)提出:有效的总结,即就提议的某些方面进行刻意强化的总结,会对思维模式起潜移默化的作用,会影响人们在不同条件下所采取的行为。提议的构架可能会决定读者阅读时采用何种思维模式。

阿伦举了一个例子：假设你是一家小型工程公司的副总裁，正与某大型建筑公司谈判。这家公司非常在乎成本，对每一分钱都毫不松口。这时，你应该扩大谈判的框架，开始讨论整个工程数百万美元的收益，同时指出你的工作将为他节省不少其他方面的开支。

研究表明，这类积极的总结陈辞，即突出对方实际的或潜在的收益而不是损失的设定，更能让谈判者签订他们认为公平的协议。

本部分的另一篇文章是斯蒂芬·伯恩哈特（Stephen Bernhut）的"达成交易之后——管理联盟关系的四个关键要素"。它着重讨论了在公司达成白纸黑字的协议之后所面临的那些"持续的努力"。不论两个公司如何坚决同意当下"书面合同"，要建立一种成功的战略联盟还有待双方日后的努力。

伯恩哈特认为可从以下四种活动着手经营一种成功的、可持续发展的同盟关系：(1)将管理同盟关系设定为公司的核心能力之一，把过去在管理同盟关系方面取得的经验制度化，并建立一个"学习中心"，让管理人员可以从中学习合同、审计以及其他实践知识；(2)建立并管理信任体系，确保那些曾参与建立同盟的人员进来参与同盟关系的管理。信守承诺，并了解同盟的目标；(3)随时监测同盟关系的现状，要了解同盟在

贸易发展及技术上的重大进步,同时也要关注"情感健康";(4)制定决策的草案,建立一个决策工作组,列举20~50项最显著的决策项目,并确定这些项目中的关键股东。

本部分结尾篇是杰夫·韦斯(Jeff Weiss)的"作为商业过程的谈判"。在这篇文章中作者提出了其他一些方针,以指导如何将有效谈判发展为企业的核心能力之一。韦斯描述了公司在将作为过程的谈判制度化时所必经的五个阶段:(1)建立、维护内部的统一,从而保证制定关键决策时谈判小组能获取一致的信息;(2)做出指示,明确指出在即将到来的谈判中必须满足的关键利益、谈判协议的最佳替代方案以及必须达成的关系目标;(3)确保谈判小组做好充分的准备,为他们提供样板和其他工具来分析对方的利益所在;(4)进行谈判,要依照公司既定的标准和程序来进行;(5)回顾、总结谈判,从中吸取教训,确认哪些做法可行、哪些不适用。

在压力下谈判

任何期望维系关系的谈判都会遭遇许多挑战;但是有些谈判要比其他的更为棘手。本部分收录的文章会指导你如何在高压环境下谈判。首先是安妮·菲尔德(Anne Field)的"如何与顽固的对手谈判"一文。尽管菲尔德在这篇文章中使用了许多诸如"对手"、"敌手"之类的字眼,但是她的建议不仅对那些着眼于竞争的谈判者有所裨益,对于那些旨在建立合作的谈判者来说也同样有用。

菲尔德说,只要准备充分、计划周密,一位经验并不丰富的谈判者也能在谈判桌上与咄咄逼人的对手交锋。具体怎样操作呢?首先应该努力了解对方:和他或她进行"预备性的谈判,商讨一些比较次要的问题,比如在哪里进行谈判比较好"等等。这种初步的试探可以让你了解对手在实际谈判中可能会有多么顽固。菲尔德认为,大多数人都倾向于"高估对手的气势"。

此外,还应事先准备好各种反驳之辞和采用合理的战术,以避免被对方的咄咄气势逼得手足无措。比如,如果你觉得某个长远客户可能会大声抱怨你的费用,那就应事先对行业费用进行研究。这样在实际的谈判中你就可以理直气壮地坚持自己的要价了。

除了碰上顽固的对手之外,谈判过程中出现的冲突也会让旨在维系关系的谈判举步维艰。因为冲突会导致强烈的情感爆发,如果不小心对待,则很可能升级到不可收拾的地步。

在《工作谈判》一书中,尼克·摩根(Nick Morgan)提出了防止冲突升级的八步曲。这些步骤包括:估算对方立场的优势及己方立场的弱势,细心聆听以全面认识谈判中出现的问题,努力寻求一种共赢的解决方

式,主动"做一点让步"等等。

摩根在"转变谈判观念"中谈到,尽管工作谈判中的冲突十分复杂且让人觉得很痛苦,但它对于个人和企业的成长来说却是至关重要的。摩根引用彼得·M. 凯利特(Peter M. Kellet)及黛安娜·G. 多尔顿(Diana G. Dalton)两位专家的话来佐证:

冲突是企业处理……创造性与强制性之间矛盾的过程中……一个不可或缺的部分。……当今的企业要想兴盛、要想使员工保持创造性,就必须允许员工自由地表达意见、自由地参与管理,这些都可以激发他们的创造性……(但是)同时也需要秩序,即制度,这样创造性才能得以引导,以完成企业的目标。

凯利特和多尔顿接着区分了冲突和妥协:

妥协会引起两个方面的问题。当妥协堕化为缴械投降时会出现第一个问题。而当谈判方被迫就原则性问题做出让步时,第二个问题就随之而生,这就好比在真理与谎言、自由与奴役、和平与战争之间达成一种中庸的调和一样……妥协产生的结果只会是调和、平淡、平庸、含糊、普通和平凡。

如果冲突的结果不是妥协,那又会是什么?答案是"一种促成新事物萌芽的协作:一种转变生成的东西"。当你细心聆听双方意见时,当你把握住冲突的语境、找出从中作祟的情感因素时,冲突就会在协作中得以化解。挖掘出冲突的潜在原因:困境的造成是因为个性的差异?情感的差异?各自的期待值不一样?还是因为双方之间那些悬而未决的问题?一旦找出困境背后隐藏的各种原由,就该着手寻找创造性解决问题的方法来构建彼此之间的合作基础,然后努力达成解决方案。

在"专家谈判"一文中,杰弗里·马歇尔(Jeffrey Marshall)与谈判老将 G. 理查德·谢尔(G. Richard Shell)的一段访谈揭示了在压力下成功谈判的另一些技巧。其中最重要的一点是——保持自己的本色:"如果你是一位非常有合作精神的人,却发现自己正陷入一种束手无策、难以应付的谈判局面,那谈判成功的可能性就不大了……(可以考虑将)谈判转交给另一位更富竞争精神的人。"此外,"(虽然)控制自己的情绪往往有所帮助,但有时把情感宣泄出来也同样有效……要合理使用脾气,不要没脾气。"

跨文化谈判

也许对谈判技巧最严酷的考验来自于海外谈判:两种文化碰撞,误解的可能性也会显著增加。在"海外

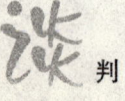

经商如何避免成为'丑陋的美国人'"一文中,安德鲁·罗森鲍姆(Andrew Rosenbaum)提出跨文化谈判中应特别注意三方面的问题:(1)谈判的节奏。应该清楚并非每个人都看重速度与直率;(2)人际关系动力。在许多文化中,人们更重视人际关系,而不是协议的细节;(3)展示的深度。在重视细节的国家,那些华而不实的言辞和稍纵即逝的幻灯演示绝对比不上严谨的数字。

　　罗森鲍姆在"如何避开跨文化谈判中的陷阱"一文中继续探讨了跨文化贸易的话题。他提出了另外一些建议:(1)理解决策方式的差异。比如,美国人重视灵活性,而日本的经理则认为决策一旦完成,再做改变就是不体面的;(2)建立合作的基础,尽力寻找可以让外国同行与你分享的东西;(3)控制谈判。例如当对方采用疲劳战术、反复重申自己的条款时,你应该转换话题,或者用其他策略表明自己不愿草率成交。

　　与简单、相互对抗的讨价还价相比,维持良好关系的谈判需要付出更多的脑力,也需要对对方有更深刻的了解。不过一旦掌握了协作的艺术,并为维持良好的关系而构建了战略伙伴关系,则会达成越来越多互惠互利的协议。而且,如果掌握了如何顶着压力谈判(包括跨文化谈判),个人的谈判技巧将会磨砺得炉火纯青。

第一部分 以协作精神谈判

旨在维持并巩固工作关系的谈判往往依靠协作，而不是直接对抗。正如本部分各篇文章所述，抱有协作态度的谈判者对各方利益都了如指掌，包括对方谈判立场背后潜藏的形形色色的愿望、需求和希望。在谈判中，他们绝不会固守某种立场，而是巧妙地达成兼顾各方利益的、富有独创性的协议。

这类谈判者会假想自己与"对方"站在同一战线，并肩迎接共同的挑战或解决共同的问题；而不是置身于一场激烈战斗中：一方的获利必定是另一方的损伤。他们认为谈判不仅仅牵涉到当事人或小组，而是整个公司员工，因此要努力在公司内部建立起一种有效的谈判体系。这套体系不仅可以帮助整个公司的管理人员相互借鉴经验，还可确保公司上下在向战略伙伴传递信息时口径一致。

1. 最佳谈判建议　从坐上谈判桌之前到达成交易之后

1. 最佳谈判建议

凡介绍谈判技巧类的书籍都会以这样的论述开始,即不论读者有没有意识到,他总不断地牵涉进各种谈判活动之中:比如买卖房屋,同老板协商给自己加薪,跟十岁的小女儿达成协议允许她每天看多长时间的电视等等。你可能会对这个论述的某些方面有所怀疑:真该用对付旧车市场上穿格子短裤的菲尔那一套来对待我的小杰茜卡吗?但这个论述所言丝毫不夸张,而且谈判在我们的工作中更是越来越常见了。

如今公司上级对其员工的态度正在发生变化。分派工作这种陈旧的做法正日益被谈判所取代。即通过谈判来决定下属应该做什么、如何做以及何时做。当今精明的生意人会怎样和重要的客户或供货商打交道?是生硬地说"价钱摆在这儿——要么接受,要么拉倒"?不会。他所做的应该是先建立关系,摸清对方的利益,再努力找出他们与己方利益一致之处。换句话说,就是谈判。

《哈佛管理前沿》(Harvard Management Update) 注意到这一话题越来越重要,因此详细研究了六本比较畅销的谈判指导类图书。我们特意搜集了各种谈判的方法,包括一些用来痛击对手的恶意诡计,以和我们推荐的明智忠告形成对比。这项研究资料也许不尽翔实,但它所总结出来的却是众多图书所一致认同的观点:从社会文本系列的《取得谈判成功》(Getting to Yes)(该书作者都是哈佛谈判项目组的研究成员,其印数超过 200 万册)到《谈判获胜完全简易指南》(The Complete Idiot's Guide to Winning Through Negotiation)。以下是我们提炼出来的最佳谈判建议。

与对方坐上谈判桌之前

凡事"预则立,不预则废"。在谈判中这点尤其重要,否则很可能会被对方来个下马威。需要在以下两个方面有所准备:端正谈判态度;清楚了解己方利益和对方利益所在。

建议在谈判中采取一种禅宗意义上的冷静、超脱甚至是无我的态度。正如《取得谈判成功》一书的两位作者罗杰·费希尔(Roger Fisher)和威廉·尤里(William Ury)所说:应该将个人置于谈判之外,首先应该做到的就是谈判者自己。如果在谈判桌上情感表露过于明

显,则无异于宣布说:"喂,你尽可以在我身上施展奇异的情感柔道术。"

成功谈判区别于蹩脚谈判的核心因素是不同的利润追求方式。专家一致认为:应该避免死盯着某个目标讨价还价。应该知道,"我出100"、"少于50我是不会接受的"等等之类的你推我挡的讨价还价方式既让人厌烦又毫无创意。各方都想尽力达成自己预定的价位。工夫大多花在不断地捍卫、坚持自己的目标上,而不是共同达成于双方都有利的解决方案。

相反,在这种基于利益的谈判中,重点应该是超越这些具体的目标,转而去发掘目标背后隐藏的愿望、需要和期待。一旦探寻到了各自的利益所在,就能够达成彼此都满意的结果。最后结局可能虽不是各自初衷,却绝对胜过漫长的拔河式较量。

在其著作《双赢谈判》(*Win-Win Negotiating*)中,弗雷德·E. 詹德特(Fred E. Jandt)举了一个绝好的真实案例。有一位自立门户的律师朋友,其秘书要求加薪。她是有备而来的,带着各种客观数据,以证明身边大多数法律秘书的薪水都比她高30%~50%。并且她补充说,如果她辞职不干,律师就得花三年的时间去雇佣和培训另一位秘书,这笔花费将远远高于她目前要求的加薪费用。当时问题是,这位律师从事的主要是面向公共利益的工作——也就是说"赢利并不多",所以他无法承担这笔额外的开销。

但这位聪明的律师并没有直接表明自己的难处（"没有钱加薪"），相反，他使出谈判中常用的杀手锏开始详细地询问秘书一些问题，弄明白她加薪要求的背后潜藏着什么。结果他发现，秘书真地很需要钱才能维持生活。他还发现：她喜欢为他工作，并不是特别想跳槽，只要可以挣钱，她宁愿多花些时间。

正是这种询问造就了双赢局面的良好开端：律师安排她去为另一位律师做兼职，此外，为了增强吸引力，还允许她免费使用办公室的文字处理机。这样，秘书在闲暇时间里做兼职每小时可以比原来多挣四倍的钱，而和其他法律秘书相比也能多出两倍来。每隔一周星期六她外出工作一天挣的钱就比加薪高出了许多，而且还能够继续做她喜欢的这份全职工作。

要了解自己的利益所在，评估自己的"谈判力"，关键是要确定自己谈判目标的最好"谈判协议的最佳替代方案"（英文简称为BATNA或BATANA）。如果不能顺利达成交易，处境会如何？如果对方不合作，如何才能满足己方的利益？好好想想这些问题。比如说，在买车谈判中，比较好的"谈判协议的最佳替代方案"并不是："哎呀，我不能拥有那辆时髦的小跑车了，我多喜欢它啊。"而是像这样的想法："我现在这辆车也能用，还可以省下一笔钱，说不定以后还能找到更棒的车呢。"

"谈判协议的最佳替代方案"越强，谈判力就越大。这里有一个标准的例证：谁更有资本说服老板给自己

升职？是手头有两份其他工作机会的女士，还是完全没有其他机会的女士？这阐述的是在准备谈判过程中很重要、却又容易忽视的步骤：出去搜寻你的"谈判协议的最佳替代方案"，在本例中也就是说找出那两个工作机会。

一旦确定好"谈判协议的最佳替代方案"，就可以用它来明确自己设置的谈判指导方针以及准备的讨论提案。如果对方不喜欢利益谈判，则可以试用詹德特推荐的一种被称为"最小—最大"的战略。（忠告：对那些总爱将"你知道什么啊"挂在口边的人来说，这种战略可能太过呆板。）可以尝试问自己四个问题：

1. 我能接受的最小限度是什么？检查自己的"谈判协议的最佳替代方案"。你对它有多大把握？
2. 在不被嘲笑的情况下，所能要求的最大限度是什么？
3. 所能放弃的最大限度是什么？限度之外是绝对不能接受的。
4. 在不被嘲笑的情况下，所能给出的最小限度是什么？这里需要琢磨一下对方的"谈判协议的最佳替代方案"，保证自己提出的最差的建议至少也比对方的"谈判协议的最佳替代方案"高出一点。

坐上谈判桌之前还有最后一个细节：在哪里谈判？《谈判获胜完全简易指南》的作者约翰·伊利奇（John Ilich）说：最好在自己的地盘上进行谈判；如果不行，那就在一个中立的地点；要尽量避免在对方的地盘上。费希尔和布鲁斯·巴顿（Bruce Patton）（与费希尔合著《取得谈判成功》第二版的作者）提出的建议则更灵活些：哪里能既符合自己的要求又让对方感到最舒服；哪里有双方都需要的文件、活动挂图、白色书写板和专家，就在哪里谈判。

开始谈判

走进去，握手，坐下，微笑。从一开始和对方接触，事实上正式谈判开始之前与对方的交流，就应该尽量与对方建立一种良好的人际关系。因为你需要每一个人都尽力投入、分析问题、达成一种对双方都有利的最佳方案，而不是产生忸怩作态、欺凌受辱的暴躁情绪——这些只会阻碍谈判获得合理的结果。

在谈判过程中不可能完全剔除感情因素。相反，应该将这些感情宣之于外，勇敢地面对，并最大限度地不让其成为绊脚石。最好的情况是：利用情感建立起一种友谊，以加快工作，最终在谈判结束时，大家可能都希望能够再次合作。在谈判中也可以谈一谈自己的感受，只是不要太过于直白。或者也可以谨慎地选几个词讲讲其他人可能的感受。（如"我相信，你们也同样希望这次会谈有圆满的结果"。）要有礼貌，尊重别

人,尽量和蔼。不能只是敷衍了事,应全神贯注于他们的每一个词。

"是等对方先提议,还是自己先发制人?"对于这个古老的问题,费希尔和巴顿给出了很新颖的答案:不要急于确定一个数字,否则会过早让双方停止对各自利益的探寻。其实有时双方"第一轮提议"还未开始,就可能已经达成共识了。

不过,如果非得有一方先提议,就让对方把握主动。这是伊利奇的建议。他说,对方的第一项提议会马上设定谈判的上限和下限,也就是己方可能不得不付出的上限和不得不接受的下限。

但是其他一些专家反驳道,既然第一轮提议就会给接下来的谈判"定调"、就会把最终结果定位在这个方向,为什么不由自己来设定这个限度呢?在《理性谈判》(*Negotiating Rationally*)一书中,马克斯·H. 巴泽曼(Max. H. Bazerman)和玛格丽特·A. 尼尔(Margaret A. Neale)描述了他们进行的一项研究:他们让几个房产中介为一处房产评估出合适的价格,并将这些中介分为四个小组,然后把房产的具体信息发给每一个中介,除了房产的预期市场价格,其他信息完全相同。结果当然是,拿到最高价格的小组给出最高的"合适价格",而其他小组则依据各自所得的价格给出了依次低一些的"合适价格"。

如果对方没有花功夫收集必要的信息,或没有想清楚他们的利益所在,那由己方来定调就最有效果。巴泽曼和尼尔建议:如果不想被别人牵着走,就不要过分还价。最好回答说:"不,谢谢。等你们真正想谈的时候再来找我吧。"

推动谈判进展

近来关于如何进行谈判的学问归结起来其实就是四句话,都是些像玩笑似的戒律。如:要想有所进展,最好是提问,即便是在回答对方问题的时候也采用发问的方式;如果没问题可提,就保持沉默,让对方采取行动结束这尴尬的僵局;只有在极少数的情形下,比如想让事情有点人情味,才发表见解,作出结论;随后应该立即继续发问。

发掘、发掘、不断地发掘利益所在。详细地弄明白对方所说的话,这是为了能够让自己、也让对方得到启发——"你们为什么会提出这个方案?"大家一起开动脑筋,找出一个"开诚布公"的解决方案。费希尔和他的同事极力倡导建立一些单项的、客观的标准——类似市场价值、成本、惯例或者科学判断这样的参照点,然后以问题的形式让对方认识到这些标准的价值所在。詹德特则认为,当人们真正开始讨价还价时,就没什么客观可言了。

如果双方愿意依据事实谈判,却无法就事实本身是什么达成一致时,可以找一个中立的协调者来决定这些事实是什么,及应该达成何种协议。专家一致认为,应该考虑将分歧交给协调者来处理,尤其当谈判陷入僵局时。

　　如果参与谈判的只有你和对方两人,而对手又很卑鄙狡猾,该怎么办？现在你应该能猜出答案了,要就事论事,不要针对人,发掘潜在的利益关系,然后提问。下面是《取得谈判成功》一书提供的几个不错的参考问题:"你们让我坐在这个受审席上,是不是背后有什么阴谋啊?"以及"我们能不能不要每天这样轮流往对方身上泼咖啡呢?"

　　或者可以把谈判提高一个层次,将谈判什么变成怎样谈判。也就是,确定对方的招数,挑明说出来,然后建议继续谈判:"哇,这样经典的'一个扮红脸,一个扮白脸'的策略,我已经多年未见了。我们现在是不是可以看看以前在这种情况下市场曾定出怎样的价格?"

结 束 谈 判

　　一旦出现可能签约的迹象,要注意小心谨慎地循着这个方向收尾。伊利奇推荐了一种他称之为"漏斗"的技巧:提醒对方这个小问题已经定下来,并一起重新回顾你们达成的共识。不再重新讨论这个问题,直接进入下一问题即可。

如果是很复杂的谈判,比如参与者不止两方,最好在每一轮重要的商谈之后都写一个备案:"我知道讨论还没有结束,但是不是可以把我们已经达成一致的问题先定下来?以确认我没误解什么吧?你们还需作修改吗?"把备案再读一遍很可能会促使各方达成一致。

尤里建议,不要紧逼对方,也不要催促自己。如果他们觉得被逼得太紧,很可能会在小问题上发作。如果太过匆忙,则可能在考虑最终条款时忘记再考察一遍己方的利益。

接下来,如果觉得可以签约了,再问最后一个问题。伊利奇建议的问题是:"我们可以成交了吗?"如果对方说是,就握手,不要再发问。如果不知该说些什么好,就谈谈天气吧。

参考阅读

The Complete Idiot's Guide to Winning Through Negotiation by John Ilich (1996, Alpha books)

Getting Past No by William Ury (1993, Bantam Books)

Getting to Yes by Roger Fisher and William Ury (1991, Penguin Books)

2. 如何实现既定目标 成功谈判的奥妙与禁忌

2. 如何实现既定目标

试想以下场景：一位度假归来的男子决定前往邮局把积存的邮件取回来。可是当他到达邮局时，下班铃声早在十分钟前就已响过了。他发现旁边一扇侧门仍然开着，因此他走进去，要求见经理。

经理想与其和他争执，倒不如直接把邮件给他更省事。这位男子完成了看起来似乎不可能完成的任务：下班之后从邮局取走了邮件。

但这能算作胜利吗？当时职员们正准备离开邮局，他们都目睹了这位男子令人生厌的行为。后来几次当他再来邮局时，这些职员看着他走近都会神秘地失踪。他们会在他走到服务台之前就摆出"请到下一窗口"的告示牌。

这位男子将谈判当成是一种进攻，结果，他为自己的错误付出了代价。

如何在谈判游戏中赢取更多的机会？著名的谈判专家、解决谈判冲突方面的资深顾问及《谈判工具箱：

如何在商业、个人谈判中实现既定目标》(The Negotiation Tool Kit: How to Get What You Want in Any Business or Personal Situation)一书的作者罗杰·J. 沃尔克玛提供了一些相关技巧。

他建议说，首先应该了解谈判的金科玉律："人们只有在认为你能帮助或会伤害他们的情况下才和你谈判。"因此，作为谈判者，你的首要任务就是弄清楚自己可能怎样帮助或伤害对方，而他们又可能怎样帮助或伤害你。

沃尔克玛建议在准备谈判之前先问自己三个问题：我想要什么？对方为何与我谈判？我的其他选择是什么？

> 在准备谈判之前，先问自己三个问题：
> 我想要什么？ 对方为何与我谈判？
> 我的其他选择是什么？

关于谈判本身，沃尔克玛列举了一些关键的行为准则：在谈判中，应该不断发问以尽量多地了解对方；可以通过解释、提问及总结谈判进程等手段来检验自己是否理解正确；最好适时透露些内部信息，表明对方的行动正如何影响你方；在表示反对之前，最好先解释自己的想法。

但是如果将局面变成像以上"邮局"例子所述的进

攻—防御模式,结果只会适得其反。在表明立场时引用过多的论据也不会收到强烈的效果,倒不如摆出最有力的两三条理由。谈判中最忌告诉对方谈判进展非常顺利;这种做法专家称之为一种"刺激物",会让对方转而采取防御态势。

沃尔克玛将谈判风格分为三类:协作型、回避型和妥协型。协作型最有可能达成巧妙的双赢局面。回避型则会导致许多问题得不到解决。妥协型可能会获得部分预期的结果,但不可能是全部。谈判者应直面自我,逐渐认识自己属于哪一类型。如果要为某些重要的场合组建一支谈判队伍,就用优势类型装备这支队伍,代表公司出征吧。

如果对方首轮开价非常离谱应该怎么办?这是一种典型的旧车贩使用的手段:"你打算出多少钱,伙计?一块?如果我办得到,倒不如把它免费送给你。你打算出多少?"沃尔克玛建议对此要么不加理会,要么表示惊讶或怀疑。

如果对方无限期拖延谈判时间应该怎么办?沃尔克玛的建议是:预先协商好谈判时间的长短,如果不行,就让对方知道你的限度,超过某个点你将不再等下去。

简单来说,成功谈判的关键在于清楚知道己方的需求和目标,并且抱定这样一种认识"凡是已经谈判解决过的事情的都是可以谈判的"。但这并不意味着你应该凡事都谈判。事实上很多事情根本不值得谈判。归根结底,上例中的那位男子就应该在第二天等邮局开门时再来。因为邮件没那么紧急。

参考阅读

The Negotiation Tool Kit: How to Get Exactly What You Want in Any Business or Personal Situation by Roger J. Volkema(1999,AMACOM)

3. 与马克·戈登双赢　提高公司"谈判收益率"的新思维

3. 与马克·戈登双赢

每个人都在谈论双赢;它已成为商业词汇的一部分。但哪些人正在关注最新的谈判现状,又有哪些谈判技巧呢?我们可以向马克·戈登 Mark Gordan 学习。戈登是优越商务咨询公司(CMI/Vantage Partner LLC)的执行主任,哈佛法学院哈佛谈判研究组的高级顾问。作为一名谈判专家,他曾为商业公司提出过建议,为诉讼案件的定论做过调解,并且在美国、加拿大、欧洲、亚洲、非洲、中东及南美等地促成并组织研讨会,帮助管理人员、联合官员、政府官员、军官及外交官相互学习、交流。在一次与作家罗伊斯·弗利平(Royce Flippin)的访谈中,戈登提出了关于如何达成双赢的简要指南及协作式谈判的新思维。

什么是双赢谈判的核心要素?

戈登:首先我想说的是,我们一般不使用"双赢"这个词。我们更倾向于使用像协作谈判、共同解决问题或原则谈判这样的词汇。对许多人而言,有赢就意味着有输。我并不怀疑双赢背后的理论,只不过不使用这个术语罢了。

你能解释一下其背后的理论吗?

戈登:理论就是,任何交际活动都有可能成为一种"正数和游戏"(positive sum game),也就是说,谈判能给你带来利益,也能给我带来利益。这和过去那种"零和"(zero sum)的谈判思维恰恰相反。"零和"思维认为我的任务就是要使你作出让步。而协作谈判却认为在谈判过程中不需要彼此让步,可以寻找一种使双方都获益的解决方案。

这不是和正统的谈判技巧冲突吗?

戈登:当然。如果翻开经典教材,它们会告诉你,首先应该摆出极端的立场,迫使对方一开始就不得不作出让步,然后等双方你来我往几个回合之后再提出折衷方案。但协作谈判派却主张不需要让步。相反,双方应该寻找一种创新方案。这种思维来源于微观经济学理论中的一条基本规则,即在任何双边谈判中,如果有一系列可接受的结果,则必然有一组结果优于可接受结果中的最低限度值。

这是否意味着应做好准备接受多种不同的解决方案？

戈登：不错。正统的谈判一般就是你来我往的商业承诺。即便语言不通也能玩这种游戏：如在集市上砍价，只需在纸上写下数字即可。

但如果希望通过谈判建立战略联盟，或把非盟友的一部分生意包给别人，或是想发展其他更为复杂的贸易关系，那么这种方法就不奏效了。原因很简单，这种方式无法寻求合作的各种良机，只能将市场局部优化。只有采取一种更具创意、共同解决问题的模式才能获得成功。

如何才能摆脱基于立场的惯性思维方式？

戈登：必须坚信：寻找使对方获益的方案是符合自己利益的。

你的目标不是去伤害对方，而是在自己尽量不受损失的情况下帮助他们，并且说服他们也在尽量避免受损的情况下帮助你。提出的互惠方案越富有建设性，谈判双方就会越满意。

谈判收益率

——双赢理论的下一次浪潮

当前这些新锐的思想其实都没有涉及单个"谈判"本身。马克·戈登的顾问公司——优越公司更倾向于采用另一种视角：考察某个公司的整个谈判体系。换句话说，考察该公司与其他商业实体发生的所有交易。

戈登解释说，"人们相互做生意总有其理由，而这个理由通常都会超越单笔交易而长久存在"，"一个公司要想获得可持续的竞争优势，就必须以一种长久的、协作的方式与其盟友、供货商、客户及其他人保持关系。当今世界越来越互依互存，所有的公司都必须与其对手努力达成一种平衡：一面是在谈判中获得良好的结果，而另一面则是正确处理好各种关系。"

优越公司采用了一种系统化的分类工具，称之为最大限度提高公司的"谈判收益率"（return on negotiation，简称 RON）。其做法是首先从公司大量的谈判中计算出整体谈判业绩值，一般呈钟形曲线（少量极好的结果，绝大部分中等结果，以及少量极坏的结果），然后通过修订公司的整个谈判体系使曲线朝积极方向扭转。计算和改善 RON 可以为公司的账本底线带来显著利益，而且不需预先做大规模投资。"我们使用一个四层模型来提高企业的效能，"戈登说，"在顶层，我们

研究技巧和行为。在第二层，我们关注实现这种行为所使用的工具，比如谈判工具、控制冲突工具及用来监测关系进展的工具等等。例如，我们可以帮助客户进行一次'关系核查'，使用一系列保密调查观测某个公司与其伙伴、供货商及客户的关系进展到了何种程度。"

第三层是支撑层：即激励这些工具使用的体制与机制。"如果某种工具会影响到对自己工作表现的评价，那么人们就会更倾向于使用这种工具，"戈登指出，"因此我们考察了激励机制，包括正式的激励（比如工作表现评估、奖金、加薪、升职等）和具体工作中非正式的奖赏（比如某人为何被拍肩膀鼓励，或收到祝贺便条等）。例如，现在许多公司都会根据销售员当季的销售额进行奖励，但如果仅仅根据短期的销售量来奖励员工，则很难谈得上与客户建立起'伙伴关系'了。"

最后，优越公司顾问关注的第四层，即基础层则是公司潜在的文化及其思维倾向：公司如何看待自我，如何看待其客户，并采取何种态度来经营关系。"如果一个公司的理念倾向于认为商业世界是一个狗咬狗的世界，大家最好趁着好势头抓紧机会获利，稍微晚点可能就被其他人抢走了——那么即使给这个公司的职员提供合作解决问题的工具，也不会有什么实际的结果，"戈登评论说。

优越公司的观点是：如果在每一层都能提高公司

效能，那么就能在一次次的谈判过程中逐渐积累起优势，并在长远的工作中踏踏实实前进。

必须双方都使用这种方式，还是可以单方面使用？

戈登：实际上，你可以自己使用这种方式，然后诱使对方也参与进来，因为这本身就是一项极具诱惑力的游戏。如果我能使你相信，我的目标是达成一项于我们双方都有利的协议，而且我会采取比较灵活、比较有建设性的态度，努力寻找对你有利却又不伤害我的方案，那么你也很可能会被吸引过来。反之，如果我执意要玩一场硬碰硬的游戏，你肯定也会以一种比较强硬的方式回应，因为你知道这将是一场讨价还价的游戏。

该如何运用你的模式来解决冲突——比如罢工？

戈登：我给双方的建议都一样：首先，仔细思考我们通常所说的"谈判协议的最佳替代方案"（BATNA），也就是谈判协议的最好替换物。因为如果你和对方无法达成协议，这将是最终的选择。"谈判协议的最佳替

代方案"是你谈判协议所能接受的最低限度……因此要考虑清楚采用"谈判协议的最佳替代方案"的长远成本和利益。如果你是资方,而又无法与工会达成协议时,就该问问自己这将给生产、公共关系(PR)、与工会长期合作的能力、工人的劳动积极性造成何种影响。当然,你对谈判结果的构想目标要比这好许多,但这意味着你必须尽量周详地了解自己的利益所在。接下来你应该考虑清楚哪些对你来说是至关重要的:工资、工作条件、环境问题、救济金……

一旦确定好己方的利益,则应该开始着手考察对方的利益所在。双方利益的切合点就是值得挖掘的肥沃土壤。我们假设,双方都希望在最大限度保障工人利益的前提下控制卫生保健费用的支出。这时双方应该做的不是在具体数目上斤斤计较,而是设计一个方案共同降低卫生保健项目的费用。比如,他们可以共同委派一个工作组,考察如何变革卫生保健项目。

在实际情况中,我们发现很多劳资谈判小组都容易忽视或掩盖其共同利益所在,而把注意力集中在产生冲突的领域——从而使解决问题变得更困难。

在实际谈判中如何实践这种方法?

戈登:首先应该设计一个商谈的方案,可以使双方自由交换意见、共同讨论,同时又不需要作出任何承诺。如果大家都担心要对所说的一切负责,则无法开展集体讨论。因此需要建立一种机制,允许公开、自由地进行讨论,提出各种想法,集思广益,而无须担心过早局限于某一个特定立场。基本准则是至关重要的。如果有谈判组织者控制这一切会非常有帮助。

可能还需要一套方案,以确保自己能及时讨论完所有问题。否则,当谈判最后期限悄然而至时,很可能没有足够的时间作出最优的选择。人们通常会等到谈判临近结束时才进行集体商讨。我们建议早一点进行一些初步的讨论,从而可以在决定性时刻到来之前从容地寻找解决方案。

最后,不管我们如何谈论独创性,双方的利益冲突总会在一些领域无法完全调和:比如劳方希望高工资,而资方则想控制成本。有些事情你没有回旋的余地。当然,我认为真正的利益冲突,也就是真正的零和游戏,其实比我们想像中的要少得多。

4. 卓越的谈判　巩固商业联盟的七种武器

汤姆·克拉登马克尔
Tom Krattenmaker

4. 卓越的谈判

商业发展部的副总裁贾森(Jason)在签订合同时总表现得很固执。他喜欢那种非常细致的文本：事先预见到任何可能发生的情况，并相应地立下违约惩罚措施。对他来说，信任绝对是个陌生的概念。他认为伙伴关系应构筑于法律条文之上，必须确保任何一方在不能兑现协议承诺时都要受到相应的惩罚。因此，不难想像出他在与日本客户进行第一次会议时面对对方提出的协议所表现出的巨大惊讶了：这个协议范本只有两段非常含糊的文字。让贾森更迷惑不解的是，当他坚持对方的简单合同绝对行不通时，日本对手竟勃然大怒。

如今的生意人正逐渐意识到关系的重要性，尤其是在与雇员、客户、伙伴公司甚至是对手打交道的过程中。贾森公司的日本伙伴为什么不需要一份更长的协议？因为他们相信双方都重视这份关系，这就足以保证相互之间的信任了。

"关系是企业组织中长期被忽视的一个方面，"达特茅斯大学塔克商学院教授、《管理战略关系：商业成功的关键》(Managing Strategic Relationships: The Key to Business Success)一书的作者伦纳德·格林哈尔希(Leonard Greenhalgh)说，"如果想一想在个人、团体和企业之间所发生的一切，你就会发现管理效能在很大程度上依赖于各种关系。"

和格林哈尔希一样，住在麻省剑桥的商业作家、顾问克里斯·特纳(Chris Turner)也将对关系的重视部分地归根于商业领域中不断引进的年青一代。这群人生长在互联网时代，不愿将自己的才能贡献给等级森严、管理严格的企业。

"我们肯定是处在过渡时期，"《虚有其表的管理：一个公司叛逆者的传奇故事》(All Hat and No Cattle: Tales of a Corporate Outlaw)一书的作者特纳认为："人们正逐渐认识到指挥—控制的方法在管理企业时并不奏效。"

下面是专家向管理者们推荐的七种武器，以帮助他们在处理商业关系时更富效率。

交易从来都不是单笔买卖

贾森是一位很难对付的谈判者，他为自己享有这

种声誉而深感自豪。在与公司的供货商进行交易时，他总会努力地以低价成交。并且他常常故意让几个供货商互相竞价，从而坐收渔翁之利。他的谈判对手在离开时总会暗暗发誓以后再和他算总账，但他对此从不在意。后来，贾森的公司遭遇突发事件，不得不向供货商请求特别援助。这次供货商报复的良机来了。贾森得到的回答是可想而知的："不行。"如果贾森的公司能更好地对待这些供货商，如果能及早和他们建立起一种积极的关系，那么当危机来临时，就有希望找到合作伙伴了。

> 最好让别人对你怀有一种信任、和睦和友善感，而不是报复的欲望。

"和别人打交道时应该抱着以后还将再次合作的心态，"格林哈尔希说，"一锤子买卖并不容易找到。最好是让别人对你怀有一种信任、和睦和友善感，而不是报复的欲望。"

那么那些冗长的合同呢？"只有在双方关系很差时才需要一份包罗万象的合同，"格林哈尔希写道，"它是信任和友善的替代品，但不是最好的。管理者最好开始着手重修关系。"

坐在谈判桌同侧谈判

专家建议：与其将谈判看作是一种必分输赢的零和竞争，倒不如和谈判者坐到谈判桌的同侧，形象点说，就是双方联合起来共同对付挑战、问题。

贾森天性富有竞争意识，总表现出一种格林哈尔希称之为的"有限资源综合症"。他无法摆脱这样一种观念，即在讨价还价中对方有所获利，他就必定有所损失。但在实际情况中，谈判者往往能达成一种令双方都比既定目标获益更多的协议。比如，如果贾森的公司同意给予供货商更优厚的进货价格，那么对方也许就可以改进自己的生产。久而久之，贾森公司进货的次品就会减少，供货商也愿意在需要紧急订货时伸出援手。

谨慎选择关系

当公司越来越重视战略关系时，应该尤其注意所指派的谈判代表。"当你和另一家公司打交道时，并不是一个抽象实体与另一个抽象实体做生意，"格林哈尔希说，"而是人与人之间的交往。你所指派的人应能代

表公司的形象。"

特纳认为,"文斯·隆巴迪(Vince Lombardi)类型"的人——即有能力号召同志拿起武器不惜一切代价打败敌手的人选,并不适合在当今商业世界做公司的代表。格林哈尔希认为,同样不合适的人选还包括盛气凌人的人,或是喜欢争辩的人,因为他们无法有效地建立战略关系。理想的联络者应拥有一种劝说和交流的天赋,并有能力理解同盟的需要,然后清楚地表达出来。

让执行者参与谈判

吉恩·斯洛文斯基(Gene Slowinski)是联盟管理研究小组(Alliance Management Group)(位于新泽西州格拉德斯通市)的办事员、拉特格斯管理研究所(Rutgers' Graduate School of Management)战略关系研究主任。他指出通常情况是:"A公司的谈判人员及律师与对方会面,开始谈判。然后他们把整个包袱都甩给执行者:'别搞砸了。'但这样的方式是行不通的。"斯洛文斯基最近完成了一项研究,并从中得出结论:成功的公司间联盟往往在谈判过程中就允许"执行者"参与,因为他们是协议具体条款的真正执行者。斯洛文斯基说,这操作起来并不难,只需在双方谈判小组中为将来执行协议的人员留出一两个位置即可。

斯洛文斯基认为,执行者的参与有助于建立企业间的良好关系。因为协议制定者对己方能力已有比较现实的把握,可以避免将来估算上的失误;而执行者因为对新生联盟的整个形成过程有所了解,一旦协议签订后就能很快进入角色。

在个体间培育合作,而不是竞争

根据旧的思维模式,最大限度调动雇员积极性的方法是让他们互相竞争:对个体工作表现进行评估,然后给优胜者奖金、加薪或升职等奖励。这种方法的缺陷是:如果一名员工的收益是另一名员工的损失,那么将会极大地阻碍人们进行相互合作。而从长远来看,合作才会真正有利于公司的发展。公司间的竞争也同样如此。与其和同行拼个你死我活,为什么不相互联合,把生意做大呢?

"如果鼓励职员在工作中要超过同事,"格林哈尔希说,"那么他们就不再相互协作。因为如果帮助别人,结果他的业绩比我好,那么我很可能就会在竞争中失败。而有些公司则设定了这样的规定:如果你的业绩是建立在对他人利益的损害之上,那么给你的评估就不会很高。这是一种比较好的做法。"

此外，还有一种有效的评价方法，即评估整个小组而非个体的工作表现。但也要谨慎操作，不要造成小组之间的竞争，这和个体竞争一样会给公司带来巨大的灾难。

信息共享

与婚姻一样，建立战略关系也有赖于良好的沟通。使用过多精明的手段来操控配偶的信息获取量——哪些该透露，哪些该保密——只会不断削弱伴侣相互信任的基础。建立公司内部的关系也同样如此，特纳说，"透明度会增加相互信任，而信任则会巩固关系"，"从中获取的信息越多越好，因为信息就是力量。"

沟通的另一关键要素是一种横向而非纵向的信息流动方式。在传统的信息传递关系中，信息从高层流往低层，从主管经由经理再到工人；有时则从低层流往高层，即由经理从第一生产线工人中收集各种信息，再汇报给主管。但是，格林哈尔希说，在当今日益复杂的企业结构中，公司越来越需要部门之间、小组之间平行的信息沟通。当信息在垂直的"存储式"交流中停滞时，A部门就无法及时获得B部门的新信息，比如客户行为方式的变动等。对此，一种比较有效的解决方式是：从各个不同的功能部门抽调人员，建立一个新的工作组。

斯洛文斯基极力主张,管理人员应该在初始阶段就直面同盟之间出现的问题,不要等它升级到情绪化阶段才着手解决。他说,每次召开季度会议时,应该留出一部分时间讨论可能出现的问题,以免等到下次会议时,它们已成长为破坏谈判的因素。"如果不知道如何把这些问题找出来,然后解决它们"斯洛文斯基说,"就可能千里之堤,毁于蚁穴"。

建立团队,而非等级制度

格林哈尔希在书中提到,信用卡公司 MBNA 的经理并没有特设的停车场和咖啡室。他们的穿着打扮和接线员毫无区别;工作间也和其他员工的一样都是小隔间。经理与普通员工之间的距离并不存在,从而避免了挫伤员工的积极性、热情和生产力。格林哈尔希说,结果很显著,MBNA 的员工个个精神饱满,因为他们知道自己是这个团队中重要的一员。

特纳说,在经理与员工随意的闲谈中蕴藏着无穷的价值:可称之为"休闲式管理"(Management by Hanging Around,简作 MBHA)。"经理最重要的工作之一是尽量熟悉和自己共事的人,"她说,"作为领导者,其中一部分职责就是建立良好的沟通,这会带来有

益的结果。"

格林哈尔希还认为,等级制度会在人们之间设置障碍。"等级观念体现在必须称呼老板为'上级'","同时又内在地表现为一种赋予高层管理人员额外特权的惯性。等级制度会危害到整个组织的效能。如果你的行事方式使等级差别体现得异常明显,那么就得做好准备迎接一个效率非常低下的团体了。"

参考阅读

All Hat and No Cattle: Tales of a Corporate Outlaw by Chris Turner (2000, Perseus Books)

Managing Strategic Relationships: The Key to Business Success by Leonard Greenhalgh (2001, The Free Press)

第二部分 构建并维护战略合作

将协作谈判内化为核心能力的公司会与其他公司构建一种积极、互惠的战略伙伴关系,包括与供货商、合资伙伴、新兼并的公司,甚至竞争公司建立战略合作。

本部分的各篇文章阐释了应如何选择合适的战略伙伴,以及如何制定符合双方需求和利益的同盟条款。此外有些节选段落还为被寻求建立战略伙伴关系的一方提供了不少建议。如:要想当选为对方的战略伙伴,需要递交一份精心制作的申请书,并使用积极的词汇描绘联盟给对方带来的益处。

一旦建立联盟,双方都必须在日后努力经营好这种关系。而当双方都将协作谈判纳入其管理体系时,维护战略伙伴关系就变得非常简单了。

1. 如何通过谈判结成铁血联盟

丽贝卡·M. 桑德斯
Rebecca M. Saunders

1. 如何通过谈判结成铁血联盟

　　略联盟在当今商业格局中占主导地位。一些公司会不断发布其与供货商、竞争者甚至是前客户之间的协议。究竟某种联盟关系是不是适合自己的公司呢？首先应该确定己方从中可以获得哪些利益，又能给出何种回报。然后再设定一种谈判战略，使所有谈判方都能接受你的提议。

谈判伊始

了解想要达到的目标

　　谈判过程中的每一步都必须牢记公司的目标。《谈判工具箱》(The Negotiation Tool Kit)的作者罗杰·J. 沃尔克玛建议说："将谈判目标记在纸上，然后排序以确定底线。这样,在谈判过程中必须要作出让步时,你的小组就知道可以退让到何种地步了。"沃尔克玛强调,关键要"由整个小组共同确定这份目标清单,以保证每个成员理解一致"。头脑风暴法是编订清单的有效途径。

追求预期的合作伙伴

"用追求这个词来描述最初阶段的行动再贴切不过,因为最终的目标是建立起一种关系,"米切尔·李·马克斯(Mitchell Lee Marks)说,他曾与菲利普·H.米尔维斯(Philip H. Mirvis)合著《合作力》(Joining Forces)一书。这一阶段的要点是将不稳定的伙伴剔除出去,因此需要研究预期合作伙伴的年度报告、剪报和公共关系。还要找他们的客户谈一谈。如果可能,去参加行业会议,听听其主管的发言,以了解该公司的长远计划。马克斯说,"你所预期的伙伴公司应该在发展目标上与己方公司保持一致",而不管它是否是同行。

提前做好准备

《模拟谈判》(Negotiating For Dummies)的作者之一——另一作者为迈克尔·C.唐纳森(Michael C. Donaldson)——米咪·唐纳森(Mimi Donaldson)说,务

必让你的预期伙伴了解你希望与其建立联盟的想法。不要等试探出对方的意思后再摊牌,"要让对方知道你们会面的原因。"不过,她又补充说:"务必等大家真正坐下来一起讨论时再摆出计划的细节。这样一方面可促使预期伙伴公司选派关键的谈判人员来参加第一次会谈,同时又可让自己在尚未确定对方是否有诚意之前不致泄露具体计划。"谈判后期,很可能需要请律师准备一份保密协议。但早期讨论一般十分宽松,可以允许大家自由发表意见。

达成协议

恭喜——你已从大堆备选者中挑出理想的合作伙伴,对那家幸运公司展开追求攻势,并成功说服它与你方合作吧。但这只是万里长征第一步。接下来就具体条款进行商谈的环节是至关重要的:能否成功结盟就在此举。谈判成功的要点在于找准双方共同的意见和目标。以下是精明老练的谈判者们通常的做法。

成功谈判的要点是知道如何确立双方共同的想法和目标。

组建一支齐心协力的谈判小组

对方的谈判人员应该具有决定权,并且能够理解谈判桌上任何出现的问题所潜藏的管理意义。这一点同样适用于己方谈判小组。唐纳森为管理者提供谈判风格方面的建议已有 20 年的历史,她深知谈判中常会因为谈判者个性相异而导致内部冲突。"你可能会发现,和你共事的某个人脾气暴躁,或者其个人交流风格会导致谈判进展缓慢。但不该由此将他从中排除出去。"唐纳森认为,只有一种因素可以影响某个人在小组中的位置,那就是他对团队目标的支持程度。"对整体目标有所帮助的每一个人都应该吸纳到你的小组中来,哪怕是以一种很消极的方式。"

谈判开始就明确提出共同的目标或需求

每方都应该摆明各自对联盟关系的目标或需求。沃尔克玛说,诚实是最重要的因素。不要歪曲自己的需求,也不要有所保留。更不能趁机确立一种顽固的立场。"目的是展示出你真正的兴趣所在,"伊夫·L. 多兹(Yves L. Doz)说。多兹是法国欧洲商业管理学院全球技术与革新研究所的丁肯主任教授,曾与加里·哈梅尔(Gary Hamel)合著《联盟优势》(Alliance Ad-

vantage）。

乐于共享信息

在劳工或销售谈判中，信息常常被视为力量而秘藏起来。但是在战略谈判中情况并非如此。多兹认为"在传统谈判中，协作只出现在谈判的结束阶段。而在联盟谈判中，这种协作必须从一开始就纳入整个过程"。他进而补充道："应该公开、明确地表达出自己的期待与承诺。"但联盟或伙伴关系为己方公司带来的全部潜在利益（即公司从中获取的潜在价值）则不需讨论。

加强信任

谈判中必须有一方首先主动表现出直率、坦诚的态度。最好己方采取主动，唐纳森建议说。"如果谈判者之间缺乏信任，必然有一方感觉很失败，而即便最终加强了伙伴关系，双方也仍会互相敌视。"这种消极的因素会阻碍参与者建立积极的伙伴关系。

聆听、聆听、聆听

马克斯说，应随时检测自己的各种猜想。越迅速地把握对方的需求,就越能迅速地确定双方的共同点和分歧之处。然后着手寻找双方都满意的解决方案。

抛开不现实的期待

如果事先做好了充足的准备,就知道哪些条件对方可以接受,哪些明显会遭拒绝。因此,沃尔克玛建议说,在初期会面中不要提那些对方肯定会拒绝的提案。此外,准备阶段的研究也应该包括确定对盟友或伙伴有说服力的论据,以便于在谈判中可以用上这些资料。

不要把对方谈判小组看成"敌人"

多兹警告说,谈判中不要把对方当作敌手。"如果谈判成功,这种态度还会继续危害到现实的伙伴关系。你们的目标应该是互惠互利;即使最终的结果不是双赢,也应该是一种双方都不致受损的平局。"

在谈判桌上摆明底线

你自己清楚哪些问题不能让步。应该让对方也知道。唐纳森说:"要提前说出来。鼓励对方也这样做。谈判者往往隐藏自己的'逆鳞'——那些不容侵犯的东西。而结果往往是在协议达成之后,双方都发现他们

面临着一大群无法承受的'逆鳞'。"

把感受说出来

马克斯认为,在伙伴关系的谈判中可以包含一些引发情感波动的话题,比如担心可能丢掉工作或事业受挫等。应该把这些感受说出来。如果极力掩饰,而不是直接面对,那么很可能就会造成情绪的爆发。

不要操之过急

签订一份让你和新伙伴能良好共事的协议需要花费大量时间,如果对方是同行业的竞争者时更是如此。多兹建议说,随着谈判的进展,你应该将更多人纳入到谈判过程中来,包括那些"不管达成何种协议都要付诸实践的人,即将来管理联盟关系的执行者。还有其他人,比如可以确定安全性条款的财政管理人员等;如果需要的话,还可以准备一些人来扮演红脸或黑脸的角色"。将这些人都包括进来自然会延长谈判的时间;要为此做好准备。

提 问

或许你已经做了事前研究,但这可能还不足以完全了解对方所持的观点。因此要把现实与基于有限资料的设想区分开来。沃尔克玛说,所提的问题应能填补信息的空白,澄清一些不清楚的议题。但不能造成一种自己是胜者而对方是输家的印象。此外,也不能只提问,要准备好回答问题。

阶段性总结

唐纳森说,当谈判接近尾声时,小组的领导应该将所有达成共识的问题进行总结。这样不仅可以保证每个成员都以相同的视角来看待整个谈判过程,同时还可以创造一种乐观的气氛:争论一个接一个地得到解决,每一个人都非常满意。

在当今奇特的商业联盟世界中,今天的竞争者可能是明天的伙伴,而后天又可能再次成为竞争者。谈判过程中应该谨慎、坦率,同时还应该着眼于未来。

参考阅读

Alliance Advantage: The Art of Creating Value through Partnering by Yves L. Doz and Gary Hamel (1998, Harvard Business School Press)

Joining Forces: Making One Plus One Equal Three in Merg-

ers, Acquisitions, and Alliances by Mitchell Lee Marks, Ph. D. and Philip H. Mirvis (1998, Jossey Bass)

Negotiating for Dummies by Michael C. Donaldson and Mimi Donaldson (1996, Hungry Minds, Inc.)

The Negotiation Tool Kit: How to Get Exactly What You Want in Any Business or Personal Situation by Roger J. Volkema (1999, AMACOM)

2. 让你的提案成为首选

尼克·雷登
Nick Wreden

2. 让你的提案成为首选

南希·苏赫尔(Nancy Sucher)不仅仅阅读提案，还寻求可以开拓的关系：找到能了解她的需求并和她清楚对话的伙伴。

苏赫尔是伊利诺伊州艾塔斯卡市一家资产35亿美元、专营办公用品及纸张批发公司——博伊西办公用品公司的采购谈判经理。对她来说，值得开拓的关系应从完全遵照RFP(Request for Proposal)(撰写提案要求)开始。不遵从指示的提案不仅会给苏赫尔及其属下带来更多麻烦，而且还是一种红色警报："如果他们现在都无法遵从客户的要求，以后还会听我们的吗？"

销售也许可以赢得顾客，但大多数客户往往靠提案赢取。制作得当，提案可以是一条阳光大道，通往新的商机、资金和良机。制作不当，则是浪费时间和金钱。要想提高提案获胜的几率，关键是要在整个过程的各个层次都牢记预期客户的需求。这条原则适用多种情况,包括你是否遵照递交提案的具体要求,及你如何巧妙地评估、迎合潜在客户的要求等等。理想情况下,运用这种方法会制作出一份简明、易懂、有说服力的提案。

站在预期客户的角度开展工作

要知道,一方面公司靠提案来强调自己的优势;而另一方面,预期客户面对五份、十份甚至更多的申请时实际上是在寻找各种剔除申请提案的理由。"我们公司刚开始的时候并不是选择最好的提案。他们所做的是排除不符合自己标准的公司。这就意味着应该尽力避免在第一轮审查中就被淘汰,"总部位于西雅图的提案撰写培训公司(PS Associates)首席执行官丹·萨福德(Dan Safford)如是说。让客户的要求指引整个撰写过程。提案不能全部罗列自己能做什么,而应该表明能为预期客户做什么。普华永道(Price waterhouse Coopers)的股东,全球广告、商标和营销专业研究员迈克尔·凯利(Michael Kelly)评论说:"好的提案会着眼于满足预期客户的需求,而劣等的提案只讨论自己的背景。"因此,千万不要用公司历史来做提案的开头。

遵循严格的撰写程序

系统化、可重复的提案撰写程序可以确保满足所有需求及提案预算。它可以减少因最后一刻冲动与草率而导致的低效与失误,还可帮助准确报价,从而使整个工作既前景光明、又利润丰厚。

遵循正确的撰写程序可以使你的提案不致被淘汰。如果回复一份撰写提案要求,务必一丝不苟地遵照其指示执行:例如,苏赫尔要求提案不要装订,以方便快速复制和审查。如果提案要求并没有明确标示出来,最好打电话询问客户,以确定提案的正确格式。

此外,应该在可能的情况下尽量与预期客户进行会谈。凯利认为这种会谈可以使帮助明确撰写要求、提供一些选择标准和决策者的深层信息,并可由此开始建立合作,增加自己提议获选的几率。

撰写程序包括:

全面调研

"撰写过程中花在研究、分析、设计、调查或做其他准备工作上的时间应该至少不少于撰写提议本身所花费的时间,"赫尔曼·霍尔茨(Herman Holtz)在《专家教你如何撰写提案》(The Consultant's Guide to Proposal Writing)一书中写道。在正确理解预期客户要求的基础上，调研可以帮助设计战略、制订方案、确定人员甚至设定价格。凯利建议将这些事先准备工作向预期客户展示，并寻求反馈，这样通常会大有裨益。此类指导能保证你的努力达到预期希望。

日程表和责任大纲

你需要确定一份日程表、责任书和预算报告。并为关键人员指定责任，包括经理、撰写人和技术专家。要预先留出时间，以应付提案备份、图形修改、回顾总结以及一些制作活动，如复印和装订等。

谨慎细心的撰写

整个过程最重要的部分无疑是撰写。提案必须清楚地阐述己方对问题的理解，提出解决方案，描述各种活动，并细致地列出期望获取的结果。"提案成败的关键往往在于撰写的好坏，"加州州立大学北岭校区商业交际教授 G. 杰伊·克里斯滕森(G. Jay Christensen)说，"尽量使用简单的日常英语，一句话一个意思。避免使用行话。修改，再修改，确保清楚易懂。"在下结论时辅之以范例分析、调查或第三方认可。

组建框架

提案中的关键部分是执行摘要。执行摘要就像一部电影的预告片。它通过引人入胜的强调手法激发观众的兴趣,呈现内容的精华部分,并帮助观众确定是否继续投入时间和精力。

因此,必须深入思考、认真撰写执行摘要。通常决策者只读这一部分。执行摘要必须在有限的篇幅里传达所有的关键分析、能力及利益,并说服读者阅读完整份提案。难怪萨福德将执行摘要称之为"短小精悍的书面演说词"。

"然而,尽管执行摘要如此重要,大多数人却并没有在这方面投入足够的时间,"克里斯滕森说,"执行摘要不会从天而降,也不会自动生成。其撰写需要对提案有深刻的理解,并能简明扼要、掷地有声地传达和读者直接相关的利益。"

执行摘要既非前言,亦非简介。更不是用来引介新内容的部分。执行摘要的决定性要素包括分析、范围、推荐、落实的重心,以及最重要的部分——利益。其长度通常是一至两段,或一至两页。一个不成文的规则是:执行摘要的长度应该是整个提案长度的10%~15%。

同样，和提案本身一样，执行摘要越简明越好。用粗体圆点标示出重要的概念或活动。避免使用类似"我们很高兴地向您展示……"之类的废话。取而代之的应该是核心的提议，如建立一个欧洲分销网络，在2005年前将销售额提高40%等等。凯利说："提案越具体，越表明你已用心聆听，并认真了解预期客户的问题了。"不要忌讳议价；不管怎样，预期客户都会在拿到你的提案时立即浏览报价。

是在提案撰写之前还是之后动笔写执行摘要呢？对于这个问题专家意见不一。提前写可以设定整个提案的框架和主题，还可以避免落入将摘要写成结论的俗套。而之后写摘要，则可以更容易地把握要点，通过精选一些关键句来完成。可以考虑结合这两种方式的长处。先写一份执行摘要以明确主题和利益，然后在整个提案完成的情况下再进行对照修改。

不论何时撰写，摘要的首句都应该涵盖预期客户需要解决的问题、你的方案及由此给对方带来的利益。接着将这个句子扩展至一百个单词左右。然后添加辅助要点，直到概述完所有重要的议题。

另一项有价值的工具是大纲表格。在这份由3~4栏组成的扩展页中详细列出清单，指出对方哪些要求得到了满足或是给出了其他的回应，并且标明在提案的哪一部分得到了具体落实。还可以包括一个空白栏，便于做笔记及检查。大纲表格可以明确反映出你

在何处处理了撰写提案要求中没有提及的重要问题。此外,最好像大学教科书那样,在边缘的空白处提供概要式说明,以加快读者理解和复查的速度。

还可以很好地利用附录扩展你提案主体中的主要观点,或是为之提供补充资料:包括一些背景、照片,甚至是影像资料。普华永道有时会附带提供一盘光碟,上面附有提案小组成员的一份级别表格。预期客户点击其中某位经理的名字,便可看到一份简单的履历及一些个人简介的录像。

制定成功提案的其他技巧还包括:

个性化、个性化、再个性化

提案的撰写必须从预期客户的视角展开。在介绍你公司总体能力和专业知识的同时,要强调具体的利益及价值。制作一份标准的履历,以充分展示那些对预期客户来说非常重要的经历。普华永道甚至根据预期客户的需求,特别强调了公司历史中某些相关的部分。

尽管模板可以节省时间,但要尽量避免使用。提案中的公式化语言就如邮箱里的垃圾邮件一样很容易识别,也很容易被丢弃。模板还会传递给对方这样的信息:这个项目并不非常重要,所以不需要任何个性化的内容。模板只适用于标准的合同、利率单以及专卖和非财务声明等。

牢记细节的重要性

避免笼统、夸张的语言。摒弃诸如"独家授权公司"、"经验非常丰富"之类含糊不清的自吹自擂。它们只会让对方对你的信赖大打折扣。与其说:"我们将会提供非常实用的手册",倒不如告诉对方,你们准备了一本 50 页、规格为 $6''\times9''$ 的小册子,其中包括一份操作性很强的清单,并在每一章的结尾都附有十个问题,以确保他们理解清楚。甚至像类似"提案"这样的定性标签也要尽量避免使用。不妨改用一种描述性的说法,如"一份全面的计划书,通过经济划算的目录管理以提高质量"。

使用图形

图表能清楚地传达信息,而且在解释复杂问题时特别有效。重点突出、利益关系标注清楚的表格尤其有影响力。还可以使用一些图形工具,比如用突出的框格强调关键点。在合适的时候也可用粗体圆点来列举概要内容。

行文简洁

提案要尽可能简短。有些公司设定了提案撰写要求的页数限额。把这个限额当作上限,而不是目标。你可能希望把预期客户感兴趣的一切内容都包含进来,但过于纷繁的资料只会掩盖、冲淡对自己想法和能力的描述。一个很明显的优势是:简短的提案往往是最先被阅读的。如此一来,你的提案则变成了标准,其他的提案都会在此基础上被评价。

从容评估

递交完提案并不意味着整个过程到此结束。预期客户严格筛选出来的提案会获邀进行陈述。预期客户利用这个机会,不仅可以处理在提案中提及的问题,还可借此确定双方合作的默契与否及有无合作的资格。

不管成败与否都应该主动要求进行一次汇报总结。汇报总结对于改善整个提案管理、支撑提案成败记录来说都至关重要。如果胜出了,应该找出成功的原因。哪些方面比较突出,哪些则受到了忽视?"在合同签订之后再获取客户的一些指导可以帮助更成功地进行整个项目,"萨福德说。有时候,客户甚至会重新审视失败的提案,看是否能有其他的启发。

总结失败的教训也同样很有价值。找出被淘汰的原因可以为将来递交更成功的提案打下基础。有时,这种总结是日后工作的一个起点,当你的公司在某一特定领域具备优势或技能上非常突出时情况更是如此。"无论是总结成功或失败,这种汇报会都能让我和预期客户建立起一种长期的关系。这才是我的主要目的,"凯利说。

提案大多都需要反复修改,也许到最后一分钟还会作润色。有的提案通篇反复不断地使用查找—替换,难怪成功率不高,也难怪这种提案往往都只能落得事倍功半的结局。但精心撰写的提案却能实实在在地成为最好的推销工具——它可以帮助你建立起与客户长久的合作关系。

参考阅读

The Consultant's Guide to Proposal Writing: How to Satisfy Your Clients and Double Your Income by Herman Holtz (1998, John Wiley & Sons)

3. 合适的框架 | 操纵意义与提出建议

玛乔丽·科尔曼·阿伦
Marjorie Corman Aaron

3. 合适的框架

玛乔丽·科尔曼·阿伦

假设你决心要说服上级管理层，允许本部门并购一家生产互补性产品的小企业。你认为生产这些产品及使用对方的商标对部门将来的发展至关重要。然而，这次购买或者会花费一大笔钱，或可能给公司造成更大的债务，因为此时公司也在向其他各个方面扩张。你坚信这次购买绝对是明智之举。但如何能够说服管理层得到首肯？你应该在陈述框架中将这一决定描述成"值得去冒的风险"，还是"一去不返的良机"？

实际情况是，你所设定的框架将会对提案的命运产生巨大的影响。何以至此？因为框架会影响人们理解提案的方式。"就像摄影师那样，当我们在选取某个框架时……实际上就决定了我们将聚焦在对象的哪些方面或部位，而哪些将被排除，"盖尔·T. 费尔赫斯特（Gail T. Fairhurst）和罗伯特·A. 萨尔（Robert A. Sarr）在《设定框架的艺术——如何运用引导式语言》（*The art of Framing*：*Managing the Language of*

Leadership）中如此说道，"当选择突出某一方面时，我们会让它变得更引人注目、意义更丰富、印象更深刻。"这两位作者进一步指出，框架"会给主题增加色彩或使之更突出……框架决定了人们能否注意到某个问题，决定了他们理解和记忆这些问题的方式，也决定了他们看待问题并对其作出反应的方式。"框架可以集中关注问题，也可以隐藏问题；框架有能力影响读者，也可以歪曲事实。

那么在制定提案或进行公司创新尝试时如何把握框架的力量？

有效总结会影响思维模式

我们每个人都有固定的思维模式，指导自己在何种条件下采取何种行事方式。而框架则可以决定我们究竟采取何种思维模式。比如一位银行官员被要求重新调整现行借贷政策，以给地方社区组织带来有利的影响。他在给董事会的报告中，可以将这一要求框定为"敲诈"，由此在董事会中激起的思维模式无疑是"坚决抵制"。但如果他将之设定为一个商业问题——需要获得社团良好的合作，董事会很可能会同意资助部分项目。如果他将银行的处境描述成"同一只重达500磅的大猩猩角力"，那么董事会则会尽快地、不惜一切

代价地摆脱这只大猩猩。

还可以举另外一个例子。假设你是一家小型工程公司的副总裁,正与某大型建筑公司谈判。这家公司非常在乎成本,对每一分钱都不松口。这时,你可以考虑扩大谈判的框架,开始谈及整个工程数以百万美元计的收益,同时指出你的工作可以为他节省不少其他方面的开支。或者,你也可以指出对方是规模宏大的公司(尤其是与你公司相比),这样"锱铢必较"可能不在情理之中。

比喻极具力量,要小心使用

正如上面那只 500 磅的大猩猩所示,比喻可以帮助我们用一种事物理解、体会另一种事物,并引导我们类比运用比喻中所包含的规则及价值。一位首席执行官在提出某个合作项目时,可能会将这次良机比喻成"一列正驶出车站的火车",如果不及时登车,则会被远远地抛在后面。而反对合作的经理则可能使用另一个比喻:"一窝蜂上车"——暗指在没有认真分析收益之前,就盲目参与合作是十分愚蠢的行为。在这两种情况下,不同的比喻会促使我们关注问题的不同方面。

使用比喻来制定管理计划将有助于获得成功。例如,一位发电厂的经理在解释环境治理项目中公共事务所涉及的三个因素时,将之比喻成"三条腿的板凳"。

这个比喻生动地表明,需要三条腿来共同支持公众的理解。比喻的力量来自于其"内涵",即它所激发的关联和概念。两者既有可比性又有说服力。

然而,比喻的内涵有时会导致危险。费尔赫斯特和萨尔描述了这样一位公司总裁,他在一份致员工的演说辞中使用了自相矛盾的比喻,结果适得其反。这位总裁首先将公司比作家庭。但是,当他接下来介绍一些改革举措时,又将公司比喻成"一辆即将出发的火车""……大家最好早点上车,不要拖到最后,否则等你上车时座位早已被别人霸占。"第二个比喻蕴涵着遗弃和威胁的因子,这使得第一个有关家庭的比喻变得十分荒诞可笑。因此,在重要的场合,尤其要注意不要乱用比喻。

运用心理学知识更好地设定建议框架

心理学家丹尼尔·卡恩尼曼(Daniel Kahneman)和阿莫斯·特韦尔斯基(Amos Tversky)认为,人们总有固定的心理倾向,他们偏爱一些选择,而回避另一些。这两位心理学家还描述了一种理性决策的模型,即前景理论。它展示了各种结果的价值与其收益及损失之间的一组映射关系。研究表明,积极或消极的框架都对人们决策的方式有重大的影响。如果在设定框架时能

有效地利用这种心理倾向的机制,则更容易获得自己所期待的反应。

比如,在鼓励对方接受某个折衷的建议时,应该避免这样设定:"比你预想的要求(只低这么一点)"。相反,要做一个更积极的框架:"比你第一次出价(高出这么多)",及"基金现在就归你了"。让提案更加直观可靠也可以巩固这一战略:你可以随身带上支票和协议的草案。这样,提案就比较切实了:接受?或多或少总有利可图。拒绝?则会白白丢掉"摆在眼前"的一切。

设定框架时要考虑承担风险的好恶

卡恩尼曼和特韦尔斯基的研究表明,人们宁可承担将来更大损失的风险,也不愿面对当前有限的损失。在谈判解决一桩法律商业纷争时,这种心态就表现得淋漓尽致了。尽管被告知道如果自己此刻不伏罪将面临更严酷的审判,但他依然选择不屈服、不交罚金。同样,原告则倾向于接受小而化之的当场调解方案,因为他不想承担丢失眼前实实在在的利益的风险。

通过消极框架促成双方共同承担风险

在适当的情况下，设定消极框架也同样有效。假设你所在的部门需要一笔新的资金来推广某种新产品。但到目前为止销量并不理想，因为产品本身有些小毛病（现在已经矫正），而且过去对市场的判断也有些失误。你在向销售部经理反映这一问题时可以这样设定建议的框架："现在如果撤出，那以前所有的营销努力都将付之东流。如果得不到您的帮助，这种产品前途将一片暗淡。"这个框架还利用了这样一种心理倾向：即人们更愿意采取行动去补救，也不愿为过去的一切捶胸顿足。人们往往对自己的决策质量抱着一种积极的幻想。如果销售部经理拒绝提供这笔资金，那她很可能会后悔当初制定的营销战略及资金付出。同意再尝试一次，可以避免产生这种后悔的情绪，因为毕竟还可以在这个产品上再冒一次险。

若想使自己变革性的建议获得青睐，应低调处理承诺与责任

研究表明，人们往往会坚持某种行室方式，即便实

践证明这种方式已经不合时宜了,他们也依旧不依不饶。如果他们在很大程度上要为最初制定的行动方针负责任时,情况更是如此。比如,经验丰富的登山者可能会一意孤行,坚持登上顶峰的决定,结果可能遭遇危险的天气,再不能回头。又如在商业投资中,眼看着一笔笔数量可观的投资变成沉没成本,责任经理可能会更加疯狂地往里面扔钱。越是直接负责最初投资的决策经理,就越难抽身而退。

如何运用积极框架签订合约

假定一家流行服饰公司试图与某位奥运金牌得主签订一项专卖代言合同。设定问题框架方式将会影响到谈判的双方。运动员一方可能会想:从这项专卖代言交易中我会丧失什么?加盟这家公司做专卖代言人,我又能获取哪些益处?服饰公司的管理层则会考虑:我们赢得这位运动英雄做形象代言能得到怎样的利益?将资金和营销努力都捆绑到运动场中变幻莫测的竞争之上,我们公司又可能会遭受怎样的损失?

哈佛商学院客座教授马克斯·巴泽曼和斯坦福商学院研究员玛格丽特·尼尔共同进行了一项谈判试验。试验分别展示了积极框架和消极框架——即基于收益或基于损失的框架——对谈判决策的影响。当他们为某个集体谈判试验设定积极框架时,即告诉谈判者任何优于当前合同的协议对他们的委托人来说都将是一种收益时,较多的谈判者能成功签订协议,并且认为结果比较令人满意。

相反,如果使用消极框架,即告诉谈判者相对于最初价位所做的任何让步对委托人来说都是一种损失,则很少有谈判者愿意做出让步、达成协议,而且也鲜有谈判者对结果表示满意。在一个类似的商业协商谈判试验中,分别将目标框定为收益最大化和损失最小化,也产生了与上例相似的结果。因此,上述那家服饰公司在设定交易框时,应向运动员强调这是他和品牌同时成长的良机。而运动员也该着重指出其加盟对公司的积极影响:与体育接轨将会极大地拓展公司的影响力与号召力。

如何改变这种思维模式?假如你极力支持制定某项提案来彻底改变部门的营销策略,你可以越过对现有销售计划的承诺,转而设定一项全新的计划。例如可以将重点放在人口统计的最新变化、新用户资料以及客户获取信息方式的新动向上:"现在我们面临着打开 Gen X 市场的良机——我们需要建立起一个高度互动的网络,把他们全部吸引进来。"注意在两任决策者之间稍稍拉开距离,以顾全面子,也让决策者在接受变化时不那么难做。

设定框架增强或削弱物主身份

物主身份会改变我们评估事物价值的方式。一旦我们觉得对某物拥有所有权,给它的定价通常会高于实际购买它时所愿支付的价格。斯坦福大学的心理学家进行了一系列试验:如果送给其中一组受试者杯子,那么他们给杯子的定价会远远高出其他两组对照受试者:一组可以拿钱来买杯子,另一组则可以在杯子和钱之间任选。大部分出售过房产或从事过买卖的人都能深深地体会到这种物主身份的效应。

如何使自己制定的框架避开或利用这种影响力?有经验的销售员会努力在客户心中建立起这样一种物主权,即将所有他们出售的东西都定位成"你的"。然而,当向长期拥有某物的主人购买此物时,这种主人身份就会成为一种购买障碍。购买者自然不会将其提议设定为"你在这房子里已经住了一辈子",相反,他会将之定位成"卖了这处房就有机会实现你的退休目标了"。娴熟的谈判者会尽力在谈判过程本身创造出一种类似的物主感,以至于达成交易也成了另一种价值源泉。

一次全部获得还是多个累积

　　研究表明，相对于等量的单笔收益来说，人们更看重一系列的小收益。但是，与单次巨大的损失相比，总量不变的一系列局部损失则更让人心烦。因此，在向客户推荐产品时，销售方的谈判者可以分别列举各个组成部分的优点，而谈到成本时则使用总数，如："如果选用我们电脑顾问公司，您将以极低的价钱获得一个完整网络系统所必需的线缆及 25 小时的技术支持。"然而，在交易中向卖方递交提案时，买方的谈判者则可以分别列举每一部分的造价："线缆我们要支付 X 元，系统要支付 Y 元，而技术支持我们还要付 Z 元。"

　　设定框架是对意义的积极操纵，从而影响读者对其潜藏信息的理解和反应。企业管理人员应站在战略高度设定信息框架，并巧妙的使用比喻和人类心理机制的潜在力量。

参考阅读

The Art of Framing: Managing the Language of Leadership by Gail T. Fairhurst and Robert A. Sarr (1996, Jossey-

Bass, Inc.)

Judgment in Managerial Decision Making by Max H. Bazerman (1998, John Wiley & Sons, Inc.)

Metaphors We Live By by George Lakoff and Mark Johnson (1983, University of Chicago Press)

Negotiating Rationally by Max H. Bazerman and Margaret A. Neale (1993, The Free Press)

4. 达成交易之后 管理联盟关系的四个关键要素

斯蒂芬·伯恩哈特
Stephen Bernhut

4. 达成交易之后

斯蒂芬·伯恩哈特

很少有短语像"一步到位"那样恰到好处地形容了20世纪90年代那种傲慢自大、急功近利的心态。而且,用这个短语描绘那段泡沫年月里建立起的数以千计的战略联盟关系也再合适不过。

联盟关系指的是两个及两个以上的合作公司相互达成一项协议,以共同作出某些决策:比如市场或销售决策。它不是合并,也不是并购,更没有产生新的实体。正如网络公司泡沫在迅速破裂一样,这些新近冒出的一步到位的联盟关系也接二连三地迅速解体。"当今的联盟关系管理正处于危机之中,"来自马萨诸塞州剑桥优越公司的杰夫·韦斯说。这家专门研究联盟关系的咨询公司最近公布了它为期三年的联盟实践研究结果:"当今世界建立了越来越多的联盟,但许多都失败了。"

优越公司的研究发现,在70%的联盟失败案例中,约64%源于糟糕的日常联盟管理。在接下来的几年时间里,重点其实就应该从交易本身转移至联盟关系管理上。"如今联盟越来越被看作是一种战略关系,其成功基于执行、并维持一种系统性的日常管理联盟关系的方法,"韦斯说,"尽管在管理联盟关系上肯定是有最适合的方法,但大多数公司往往并没有认真对待这个问题。"

大部分联盟伙伴似乎认为总会有一只无形的手将联盟关系引上正途。其实"要想使关系持久发展,就应该做非常系统的安排。要从战略高度来看待这个问题,并制定出周详的交流计划,甚至多久会面一次都要计划好,"安东·格斯(Anton Gueth)——伊莱·利利(Eli Lilly)联盟关系管理办公室(位于印第安纳州波利斯市)主任如是说。

惠普(位于加利福尼亚州)帕洛阿尔托市和戴尔电脑(位于得克萨斯州奥斯汀市)长达八年的联盟关系最终破裂。这个事件使一些人开始考虑为什么联盟关系现在已不再吃香。"我觉得惠普和戴尔的分手并不能说明什么问题,"布兰德斯大学(位于马萨诸塞州沃尔瑟姆市)一位国际商业教授本杰明·戈梅斯—卡塞雷斯(Benjamin Gomes-Casseres)指出。"对手之间的联盟关系往往无法善始善终。"

当戴尔开始挺进惠普主宰的打印机市场时,两者的联盟便发生了变化。"如果这意味着当今公司在与其竞争对手结盟时会更加犹豫,那么这样做也是为了

获取更多的利益。因为许多公司在当时结盟时就戴上了眼罩,宣称自己并没有看见任何冲突。当然,这种谨慎也不一定会导致结盟数量的减少。"戴尔再次证明了这一点:当它在逐渐拓展其存储系统市场时,最近又选择了与维冠 EMC(位于马萨诸塞州霍普金顿市)结盟。

> 随着兼并和收购的失败,联盟关系业已成为公司增长财富的最好工具。

彼得·佩卡尔(Peter Pekar)是霍利亨·洛基·霍华德及朱金(Houlihan Lokey Howard and Zukin)投资银行(位于华盛顿市)的国内联盟主任,他补充说:"毫无疑问,企业会继续选择通过结盟而不是新建或购买来刺激增长、增加财富。"其中一个重要原因就是:随着兼并和收购的失败,联盟关系已经成为公司增长财富的最好工具——尽管许多公司在管理联盟关系上问题百出。

究竟成功联盟的要素是什么?以下四种做法共同揭示出这一点,即联盟关系是一种长期的关系,而且只有在达成交易之后这种关系才真正开始。

1. 使联盟关系管理成为企业的核心能力

当今企业最明显的缺陷之一可能就是未将成功管理联盟关系的经验转化为公司制度。"实施了联盟管理制度化的公司80%会获得成功,而那些没有制度化的公司则只有10%获胜的可能,"佩卡尔指出,"并且,前者的投资回报率也要高出一倍。"

联盟管理方面最全面——也是最成功——的纲要之一是惠普公司长达200页的联盟管理手册。"它涵括了我们十年的经验及认识,"惠普全球联盟策划主任贾森·韦克姆(Jason Wakeam)说,"它拥有管理联盟的40种工具,其中包括一套八步法,用以引导管理人员走完联盟的全程。"

佩卡尔认为,另一种有效的方法是建立"卓越中心",在这里管理人员"可以学习合同、审计的知识以及最卓越的实践案例"。许多企业拒绝和未建立起此种机构的公司结盟,因为"他们必须花大量时间来培训员工"。

2. 建立并维护信任

成功的联盟要求员工必须超越本公司的利益,转

而为整个联盟的共同发展工作。"这个游戏的真谛在于扩大整块蛋糕;而不是将它切成两半,同时希望己方获得较大的那一半,"安大略省金斯敦市皇后大学一位战略学副教授道格拉斯·里德(Douglas Reid)指出,"要做到这一点,首先要对联盟中的成员高度信任。这其中只有一条道路可走,即确保信任感能够在人与人之间、而不是机构与机构之间建立起来。"要想为建立一种相互信任、真正合作的关系打下良好的基础,应该:

- 确保参与谈判、建立联盟关系的人员参与到联盟的管理之中来。"运作正常的公司,"里德说,"最好不要尝试将管理权从谈判者移交至经理手中。每次转手都会严重消耗社会资本,因为每次将工作委托给他人,那个人都只能从零开始。而他们却对新公司没有任何概念。"
- 恪守所做出的一切承诺:无论是会面的日期还是资金抵押的责任。"任何偏离模板或协定程序的做法都将被视为失信于联盟集体文化,"里德说,"前后不一致会增加不信任感。"
- 了解合作伙伴的目标。"有时信任危机的产生不是因为恶意的预谋,而是源于怠慢,"里德说,"主动找出对合作伙伴来说至关重要的利益,这样可以消除在揣测对方行为过程中引起的摩擦。"利利办公室的格斯补充说,"如果非常了解对方,则一般不会将他们视为洪水猛兽。"

➢ 慢慢构建共识。当处理具体问题时，最好不要急于提出解决方案。"那样只会让人们走极端，"《如何达成协作》(How to make Collaboration Work，Berrett-Koehler，2002)一书的作者戴维·斯特劳斯(David Straus)说。相反，应该一步一步构建共识。"后退一步，然后在对问题的定义和分析上达成一致。"

3. 审查关系

"尽管现在遍地都是联盟，但很少有公司系统审视他们的工作……这使许多联盟只能依靠直觉和不完整的信息来进行管理，"麦肯锡(McKinsey)公司的顾问詹姆斯·班福德(James Bamford)和戴维·厄恩斯特(David Ernst)如是说。("Managing the Alliance Portfolio," The Mckinsey Quarterly, No. 3, 2002)。

仅仅评估联盟公司的商业及技术改革中的重大事件还远远不够。格斯认为，"评估联盟的情感健康状况与评估技术因素同等重要，甚至更为重要"。这也解释了为何指定一位关系经理会有所帮助，因为他将同样负责处理联盟关系本身的事务，而不仅仅是商业事务。

利利办公室用来评估联盟关系的审查手段之一是"联盟之声"。每年，一家第三方公司都会将一份由七

十个问题组成的调查表通过网络发给双方公司的联盟关系管理人员。这些问题集中关注了十四个利利办公室认为是联盟关系赖以成功的战略运作和文化纬度层面,比如沟通、冲突管理和组织价值观。

"结果带来了许多非常重要、积极的变化,"格斯说,"有时我们改变人们,因为双方的融洽关系出现了问题;有时则改变了某些委员会的结构和汇报制度。"

4. 制定共同决策的协议

"共同决策是每一个联盟的灵魂,更是联盟存在的理由,所以在这一点上一定要做到位,"布兰代斯的戈梅斯和卡塞雷斯说。正如处理突发事件那样,如果用包含关键因素的模板行事,那么共同决策就会变得十分简单。戈梅斯和卡塞雷斯合著的《掌握联盟战略》(*Mastering Alliance Strategy*)描述了这样一种协议。

以下是一些关键步骤:

➢ 在交易进入最后环节之前建立特别工作组——由双方派出的两至四名来自不同职能部门的主管组成。
➢ 列出二十至五十个最重要的决策,将它们分类,然后按重要性排序。
➢ 确定在关键决策中起关键作用的人选。鼓励那些能促成,或阻碍某一决策制定的"幕后"决策者主动现身参与到决策过程中来。
> 制定谱系表,以说明每一位决策者在制定某项决策时应该扮演的角色:承诺、谈判、咨询、通知或委派。
> 绘制决策将遵循的路线,用图表显示出决策轨迹及做必要决策时所牵涉到的个体。这样可以避免在看不清前路时表露出焦虑情绪。

如果遵循这些最好的实践方法,公司不仅能有效地管理其联盟关系,更能有其他更多的收获。

加拿大惠普公司的杰夫·科勒鲁伊科(Geoff Kereluik)说:"一旦联盟成长开始有所回报,它将会变成一个非同寻常的载体,可以帮助找出那些通常难以发现的解决方案。"

5. 作为商业过程的谈判

杰夫·韦斯

Jeff Weiss

5. 作为商业过程的谈判

杰夫·韦斯

谈判已不再是一种可以预见的偶发行为,也不再是几个专业人员就可以轻易操控的简单事件。随着战略资源获取与大规模销售的兴起,以及企业对并购与联盟日益增长的依赖,谈判变得越来越复杂、动态,也变得越来越重要。所有这些变化促成了创建新的企业能力的良机。谈判的单个组成要素已众所周知。如果用一种战略和系统的态度来对待所有这些因素——不仅仅指消耗在谈判桌上的时间,也包括准备和总结因素;那么公司则可以把谈判变成一种商业过程,其中每一个步骤、每一项活动都孕育了创造价值的可能。

第一步:建立并维护内部的统一

经过几个简单的步骤就可使谈判小组避免采集到混淆不清的信息。比如,对于每一项谈判活动,大制造商的销售部门都应该确定高级经理必须做出哪些关键决策,哪位经理负责哪项决策,在多大程度上负责;同时也应该确定每一项关键决策将经历的程序。

第二步:做出指示

仅仅告诉谈判组"你们带回来的结果不能少于多少"是不够的。"谈判者需要更详细具体的指示和谈判成功的衡量标准。与其简单交待谈判组该以最低价购买 A 公司的某种化合物,倒不如告诉他们:和 A 公司的谈判成果应该包括争取商品最短的上市时间及最小的风险;作为条件,我方也可以为此付出高额的前期投入;而且在达成交易前一定要将之与 B 公司及 C 公司提供的交易作比较衡量。一家药物公司的商业拓展小组制定了一个指示模板,要求其管理人员必须在以下具体的方面向谈判小组做出指示:需要满足的关键利益;谈判者可以用来进行参照评估的标准;"轻松取胜",亦即预先设定谈判协议的最佳替代方案;以及在谈判中应该铸就的工作关系等等。

第三步：准备谈判

当今公司不再让谈判者自己摸索前进的道路，而是采用一些标准化的方法和工具来指导他们进行准备工作。这里可以以一家大娱乐公司的采购部为例。为帮助谈判者共同准备，这个部门组建了内部互联网站，上面有指导如何组建谈判小组的各种模板、用于更好了解对方及评估谈判语境的分析工具、成功小组和有效标准的数据库，以及用来生成建设性解决方案和如何在众多选项中选择的工具等等。上例中商业拓展小组启动的是"谈判投入活动"，集中考察谈判应该如何进行。这种全程的、高度组织化的安排可以帮助谈判的所有参与方共同设定整个过程的基本章程，并预先商量好该如何对付可能出现的绊脚石。

第四步：进行谈判

当谈判者坐定之后，双方采用的谈判方式也是可以改进的。比如，一家大型发展公司的投资部为其谈判者准备了一系列解释标准合同条款的指导方针，及一些在何时可以安全偏离这些标准的建议。另一家保险公司则制定了一份战略"脚本",其中收录了公司累积的集体智慧,用于指导职员如何与各类客户打交道,如何在特定的环境下进行谈判。

第五步:总结与学习

某研发公司的联盟关系小组使用总结模板来记录经验:比如谈判过程为何达成了或为何没有达成有效的结果,以及与对方进行谈判的方式等。然后将这些总结输入到工具和数据库中,供日后准备谈判时使用。

将谈判由一次性交易转化为企业的核心能力可以带来巨大的投资回报率(ROI)

将谈判由一次性交易转变为一种真正的商业过程,可以带来巨大的投资回报率(ROI):任何一笔当前的交易都预示着日后更高价值的交易和不断增长的机会。正如一位高级管理人员所说:"只需一次成功的百万美元级交易就能把我们的投资收回——想象一下在日后合作中我们不断提高的谈判成果,那时的回报将有多高。"

第三部分

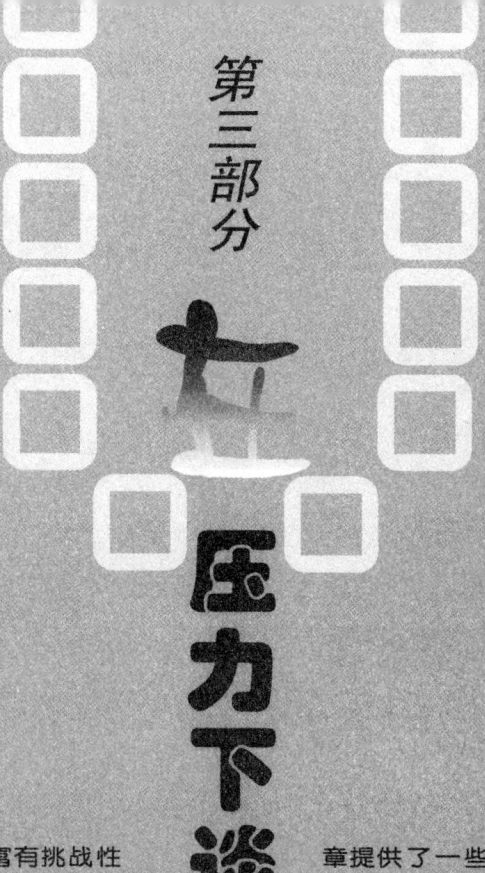

压力下谈判

所有的谈判都富有挑战性——但总有一些谈判比其他的更难以应付。在高压环境下谈判，比如当双方都非常固执、咄咄逼人时，或者双方谈判者个人关系变得非常紧张时，尤其需要处理好各种关系。

不过，冲突虽然会带来痛苦，却也是个人和企业学习、成长的机会。这一部分节选的文章提供了一些有效的建议，用以指导如何将冲突化为整个企业学习的经验，并将其转变成富有创意的解决方案。这些方针可以指导你如何在压力下进行谈判。其中包括：了解对方，提前准备好战略行动，以及使用情感语言精心培养一种合作氛围等等。

1. 如何与顽固的对手谈判

安妮·菲尔德
Anne Field

1. 如何与顽固的对手谈判

安妮·菲尔德

假设你将与一家供货商就新的合约进行谈判，对方是一个号称在谈判场上"不留活口"的家伙，曾让大男人都失声痛哭。但你也不是好惹的。因此在开始谈判之前你就做好了与对手磨刀对阵的准备。你们都痛下决心要在每一点上获胜——结果双方达成的交易比预想的要好。

这些听起来像真实发生的事件？事实上最近六项系列研究表明，这不过是一厢情愿的想法罢了。研究者们发现，如果谈判者意识到自己即将与强硬的对手碰面，在走上谈判场时会不自觉地降低期望值，最终谈判的结果也自然会比他们所预期的更低。例如，在一次议题为奖金的 30 分钟模拟谈判中，那些预料会遇上强硬对手的参与者最终获得 13 130 美元，而那些预想对手不过尔尔的参与者则拿到了 15 540 美元。

"人们总以为，如果对手比较强硬，自己也会变得强硬起来，"克里斯蒂娜·迪克曼（Kristina Diekmann）

说。这位犹他大学戴维·埃克尔斯（David Eccles）商学院（位于盐湖城）的管理学教授是这一系列研究的参与者之一。"但当这一刻真正来临时,他们却又临阵退缩了。"

为什么处于压力之下的谈判者会临阵退缩？其实这和动机相关：人们总趋向于达成协议,而又主动规避谈判僵局。

因此,当他们面临看起来非常强硬的对手时,为了保证达成协议,他们选择了退缩。但对方会不会利用这一点呢？

迪克曼及其同事——圣母大学门多萨商学院（位于印第安纳州圣母市）安·坦布伦索（Ann Tenbrunse）及西北大学凯洛格管理学院（位于伊利诺斯州埃文斯通市）亚当·加林斯基（Adam Galinsky）所进行的研究表明,答案是肯定的。如果对方认为你的作风强硬,那么对你来说是非常有利的。相反,如果你认为对手比较可怕,那么在谈判中你的表现很可能就会让对方变本加厉。"这变成了一种自我实现的预言,"迪克曼解释说。

虽然清楚意识到自己在压力之下会选择退缩还只是战斗的一半。但若对此心里有底,接下来就可以采取一些特别的步骤,尽量减低顽固对手对你施加的无形影响了。

了 解 对 手

对谈判新手来说,千万不要被对方强硬作风的声势所吓倒。迪克曼认为,"新手一般会倾向于高估对手的气势。"要试着和对手进行预备性的谈判,商讨一些比较次要的问题,如在哪里举行谈判等等。这样,你会发现对方其实非常灵活、非常友好。

而且,你可能还会很惊讶地发现,原来大多数人只是隐藏在骇人咆哮背后胆怯的纸老虎。得克萨斯州韦科市贝勒大学的一位管理学教授布莱恩·麦考密克(Blain McCormick)讲述了一位小企业家的故事。这位企业家希望房东能在停车位上做一些让步。他希望自己的车能有更多的空间,同时也希望房东不要动辄就把车拖走。于是,他首先去当地其他一些房东那里打听他们的做法,结果发现其他房东都非常乐意在停车位上做出让步,并且他们还特别害怕房客采取法律行动。因此在与房东新一轮的谈判中,这位企业家虚张声势,表示他准备把这事搬上索赔法庭。你瞧,房东立刻让步了!

如果是第二次与某个顽固的对手打交道,有时直面其顽固做法反倒会更好。"一旦把对方以强凌弱的行为目的揭穿,他通常就会立刻停止,"哈佛谈判计划组资深顾问、波斯顿顾问公司——优越公司主任马克·戈登如是说。对手那种咄咄逼人的做法很可能源自对形势的误解。比如，某销售商一直拖延新合同进程，因为他误以为制造商一方向自己的老板提出了投诉。如果将误会直接说明，局面立刻就打开了，从而谈判也能顺利进行。

减少一对一的时间

如果知道对方是真正的杀手，可以考虑减少和她对质的时间。宾夕法尼亚大学（费城）沃顿学院托马斯·格里蒂（Thomas Gerrity）教授和《为优势谈判》（Bargaining for Advantage）一书的作者 G. 理查德·谢尔（G. Richard Shell）指出"应该让对方没有机会直接恐吓"，转而尝试通过其他渠道进行商业往来——比如写电子邮件或打电话等。

而且要勇于提出增援要求。"如果认为自己无法控制局面，那么单刀赴会也收益不大"贝勒大学的麦考密克（McCormick）说。不如与老板或其他同事一同前往，同时也可以建议对方指派更多的人参与谈判。（但要事先做好调研，判断清楚对方哪些人可能会使对手有所收敛。）

提前准备好回应及战略行动

当面临强硬对手时,要准备好应付各种可能将你置于防守位置的言辞与局面。"最好准备一些巧妙的回答来改变对方的心理,"德博拉·M. 科尔布(Deborah M. Kolb)——波斯顿西蒙斯管理学院教授、《每日谈判》(*Everyday Negotiation*)一书作者如此建议。她特别提到一家小猎头公司在与老客户谈判新合约之前所做的背景研究。谈判开始后,这位客户声称自己的钱花得不值。但由于这家猎头公司已经做过市场调研,掌握了同行对类似服务的开价,所以在谈判中她能咬定自己的价位。"艰难的谈判自然会遇到坚冰,"科尔布说,"因此需要提前计划好如何去打破。"

> 当面临强硬的对手时,要做好准备应付各种可能将你置于防守位置的言辞与局面。

如果谈判情形不对,该如何为自己争取更多的时间?这些都应该事先设想好。提前准备意味着计划好一套可操作的建议。比如,"我得回办公室再核对一遍数字","我要先回去问问老板",或"我想大家最好先休息一会儿"等等。另一种避免被对手紧逼的方法是制定比较宽松的谈判计划,当然要以不暴露己方压力为前提。当己方期限比对方更加紧张时,这一点尤为重要。(比如,"我觉得我们可能需要一个星期的时间。您的意见呢?")如果对方在协商期限之内不能给出回复,那么他就处于劣势了。毕竟,你们双方已经商定好了日程安排,而你并没有超出谈判的期限。"这样局面就被扭转过来了,"优越公司的戈登这样说。

准备多套方案

达特默思学院(位于纽约州汉诺威市)塔克商学院管理学副教授朱迪思·怀特(Judith White)认为最好能避免这样一种局面,即"双方在某个问题上白刃相对,并就地划线,永不改变"的局面。

避免僵局的方法之一是提前准备好多套提案。比如,一套为以每年100 000美元的价格为制造商提供机器零件的特别协议,另一套则是一份三年的合同:约定每次运货给制造商百分之十五的折扣。通过对方对各种方案的挑选,你可以察觉出他的重点所在——价格并不是唯一考虑的因素。在讨论备选方案的过程中,你可能还会发现对方其实比想象中的更灵活。

确定"谈判协议的最佳替代方案"

如果急切地想做成某笔生意,那么你的谈判阵地就会相对比较薄弱。要想增强自己的谈判力量,仔细考虑这个问题:一旦生意不成,情形将会如何?换句话说,自己的"谈判协议的最佳替代方案"是什么?(也就是,你谈判目标的最好替换物)。关键在于,要记住想做成生意的并不止你一个。提前做一些调查,考虑你如果退出交易,对手会面临怎样的情形。

戈登描述了这样一个例子。一家娱乐公司的经理即将与某个主要供货商举行谈判,他获悉对方可能会提出大幅涨价的要求。这位经理告诉管理小组去联系此行业的其他供货商,考察是否可以转移公司的业务。当那位想要提价的供货商得知此消息后,他们"先前那种占据上风的思想立刻变成了一种担忧,担心会因此失去其第二大客户"。最后,供货商在谈判中只要求稍稍提升价格。

清楚自己的谈判协议的最佳替代方案会更容易确定己方能接受的底线,也就意味着可以大大降低因恐吓而签订日后可能会后悔协议的几率。此外,如果确定好了替换物,那么在对手变本加厉时,你也就知道自己该采取同等强硬的措施了。

清楚了解自己的谈判协议的最佳替代方案，可以避免在对方恐吓下签订日后可能反悔的协议

职业介绍公司 DBM（位于纽约市）训练部门经理鲍比·利特尔（Bobbie Little）讲述了他最近一次谈判的经历。她说，当对方在价格上不愿让步时，"我坚持自己的合理价位，并解释真的不能再低了。"

当客户意识到利特尔宁可结束谈判也不能再让步时，他也就认同了高于心理价位的要价。"因为我和他针锋相对。"利特尔说。

参考阅读

Everyday Negotiation: Navigating the Hidden Agendas in Bargaining by Deborah M. Kolb and Judith Williams (2003, Jossey-Bass) *Bargaining for Advantage* by G. Richard Shell (1999, Penguin)

2. 工作谈判 探索棘手的人际关系

尼克·摩根
Nick Morgan

2. 工作谈判

尼克·摩根

当今工作环境越来越紧张。许多经理觉得自己正面临前所未有的压力。确实是这样的。许多企业为了在经济困难时期能保持竞争力，正面临着沉重的压力，这也极大增加了工人的心理负担，使他们心神疲惫。此外，压力还来源于许多让人震惊的潜在方面。这些潜在压力深深植根于当今企业文化之中。

如今扁平化的企业结构及新的企业组织方式更容易在公司各级之间滋生矛盾冲突，因为在企业中想做决策的人事实上要远远超过简单听从命令的人。同时，合资企业、伙伴关系、合并以及并购总催促着员工不断去"开发"新的关系。

尽管人际关系如此难以处理，人与人之间相互依赖的程度却明显增加了。现在很少有单枪匹马的任务，许多工作需要大家共同参与、共同合作才能做好。西·兰多、芭芭拉·兰多和达里尔·兰多都是谈判专家，曾合著《从冲突到创新》(*From Conflict to Creativi-*

ty),他们总结说,大量不同背景的人、单位组合在一起,因为他们之间相互依赖,所以产生冲突是不可避免的。

那么该如何应对企业环境的这些新变化?如何利用冲突打下创新合作的基础,从而从根本上改善现状而不仅仅是处理某个争端?如何在困难的环境下谈判?最近有关这方面的新的研究成果提供了一些应对这种现代窘境的办法。

"我们大多不喜欢冲突,也找不到办法和策略来对付冲突。我们继承了祖辈猎捕猛犸时采用的'战斗或回避'的方法,"作者如此写道。然而,在工作世界里,过于好斗和临阵逃跑一样都不是最适当、最有效的方法。

严峻的国际谈判带来的启示

谈判专家迈克尔·沃特金斯(Michael Watkins)和苏珊·罗斯格兰特(Susan Rosegrant)在其著作《突破国际谈判——伟大的谈判家如何改变冷战后世界最严峻的冲突》(Break Through International Negotiation: How Negotiators Transformed the World's Toughest Post-Cold War Conflicts)一书中考察了许多冷战后世界激烈、漫长的谈判,如美国与朝鲜的谈判等,从而吸

取许多可以应用于商业谈判领域的经验。"突破性谈判专家认为谈判从来没有预先设定好的目标,也不是一成不变的。他们知道自己绝不能因为对方的行动而陷入泥潭",作者写道,"因此他们努力塑造谈判的基本框架,包括选择正确的人员,控制话题的进程,设计条款之间的联系等等,以提升自己的谈判力量,并慢慢疏导谈判的进展。"具体说来,老练的谈判专家都清楚,大部分影响结局的因素其实在双方坐上谈判桌之前就已经有结果了。"

沃特金斯和罗斯格兰特还列举了其他一些"突破性谈判专家"所使用的原则:

➤ 突破性谈判专家能有组织地了解信息。沃特金斯和罗斯格兰特称:"老练的谈判专家会进行大量必要的谈判准备以了解信息:他们分析当时形势的具体特征,熟悉谈判内容的历史、情景及过去的谈判记录,并调查谈判对手的背景及声望等。"以美国与朝鲜谈判为例,美方必须了解朝鲜抗击侵略的漫长历史,因为这段历史使这个有重要战略意义的国家对主权问题非常敏感。同样,一家有着悠久独立传统的公司在面对合并谈判时所持的态度也肯定有别于没有这种传统的公司。

➤ 突破性谈判专家都是谈判设计大师。当时因为中国、日本、韩国及国际原子能机构(IAEA)也将积极参与谈判,所以美国和朝鲜都花了大量时间分析谈判中可能论及的话题。在商业世界里,任何第三方都必须视为谈判的一部分加以考虑。比如,当航空公司与飞行员工会举行谈判时,就必须时刻考虑到联邦政府监督的规章问题。

➢ 突破性谈判专家会提前准备好如何应对冲突。这一点对于长期处于冲突关系的敌对双方来说尤其重要,比如企业与工会。冲突有各种级别,既会出现在谈判组内部,也会出现在谈判双方之间。比如,在美国与朝鲜的谈判中,美方的中央情报局和参众院经常会就应在多大程度上信任朝鲜这一问题争执不休。同样,在企业和工会内部,当谈及过去的谈判经历时也常会产生一些情感波动。

➢ 突破性谈判专家会为达成协议而鼓足干劲。沃特金斯和罗斯格兰特指出:"谈判从准备开始至协议达成并不总是一帆风顺的。谈判也会有涨有落,时而陷入僵局,无所作为,时而又峰回路转。如此反复,直至最后达成协议或是彻底谈崩。"在美国与朝鲜的谈判中,为了给对方施加压力以迅速结束谈判,谈判双方都与其他主要参与者进行了磋商,包括中国、日本和国际原子能机构。在商业中,商定一份速战速决的日程安排表将有助于促使对方尽快达成协议。

作者们还指出,在处理工作或其他任何谈判中的

分歧时，通常有两种主要的方法。第一种是直接挑明争论的话题。例如，一位负责质量控制的经理可能会问："产品必须是百分之百合格还是有点误差也可以接受？"

作者称这第一条道路称为"竞争型道路"，因为双方争相摆明自己的观点。在上例中，一方坚持百分百合格，而另一方则允许质量合格率有百分之一的浮动。

解决工作冲突的第二条道路是"和解"，即双方认为建立合作比解决问题更重要，有时候为了团队的和睦可以撇开亟需解决的问题不管。

大多数工作谈判都会在这两条道路中任选一条。但仅仅选择其中某一条是非常有限的。如果只偏向于竞争，则可能会伤害与对方的关系，从而危及与对方达成有效合作的长远利益。而如果偏向于和解，则可能会损害自己的立场，为了拯救关系而牺牲太多。因此，不能完全非此即彼。

专家一致推荐同时走中间路线：协作。正如作者们所说："在组织中，结果与关系同等重要。组织之所以存在，正是靠各成员彼此合作来达成结果。解决问题的方式应当是既鼓励不同观点之间相互竞争，同时又促进各个参与者相互合作。这是协作的真谛。

如何才能达成协作呢？《解决工作冲突完全手册》(*Complete Guide to Conflict Resolution in the Workplace*)的作者马里克·F. 马斯特斯（Marick F. Masters)和罗伯特·R. 奥尔布赖特(Robert R. Albright)推荐了以下"八步曲":

1. 退后观察。通常,距离太近意味着无法看清整体形势。但在后退之前要确定己方所能接受的最低限度。
2. 直面问题。这是必须提前准备好的工作。要绝对诚实。对方的强势何在?己方的弱点有哪些?
3. 坐定聆听。从容地听取对方的描述,认真了解所有的问题、愿望和希望。注意自己的肢体语言。在听取过程中不要过早地俯身向前、表示出兴趣。
4. 认清全局。对整个事情有合理的了解,确保己方所有成员都彻底认清局面。把握了全局,不要只关注自己期待的结果。
5. 评估分析。集思广益,找出各种解决问题、开创双赢局面的方案。对方可能接受怎样的结果?自己的限度又如何?
6. 提出可能。是谈判的时候了,把所有的准备都派上用场。提出一个双方都满意而归的方案。
7. 达成结果。可能要做出一点让步——这其实是所有成功谈判必要的一步。但目前的工作是让自己对最终结果感到满意。
8. 建立关系。人际关系应该与谈判的争论区分开来。努力保持一种真实、积极的关系。

注意整个过程总是在创造机会达成思想交锋,同时又培育双方之间的关系。

面对冲突时,"战斗或回避"的方法可能已深深根植于我们脑海中,但埃默里大学(位于亚特兰大市)的最新生物学研究表明,其实人脑中同样也存在着合作的冲动。

既然冲突不可避免,那么当工作冲突出现时,就应该克服自己的天性,采用一种协作的方式努力解决问题。这样避免冲突升级为一场全面战争,可以巩固有益的工作关系,也可以更好地解决日后的冲突。而且你还会发现,这种解决方式的最终结果要比预期的更富有建设性。

参考阅读

From Conflict to Creativity: How Resolving Workplace Disagreements Can Inspire Innovation and Productivity by Sy, Barbara, and Daryl Landau (2001, Jossey-Bass)

The Complete Guide to Conflict Resolution in the Workplace by Marick F. Masters and Robert R. Albright (2002, AMACOM)

3. 转变谈判观念　改变个人风格处理企业内部冲突可能会有意想不到的结[果]

尼克·摩根
Nick Morgan

3. 转变谈判观念

尼克·摩根

又到与营销部摊牌预算的时候了。你负责新产品开发。对于你们两个效力于同一股东的团队来说，中间存在的问题竟如此之多。营销部总不断提到客户，声称各种调查、中心小组的讨论结果都表明，新产品预算超支太多。你告诉他们说，在"随身听"上市之前没人知道它是什么东西，因此谁又能肯定客户到底需不需要某个产品？

但如今，必须要直面棘手的财政问题了，必须为明年的预算磨嘴皮子了。当你推开玻璃门时，心里想："入此地，万念俱灰。"——但丁当年推开地狱之门时说的就是这句。你知道今天不得不谈判，却又害怕营销部再次摆出大堆客户数据，然后撤销你的预算。今天一定会有一场恶战。

对大多数人来说，这种非赢即输的心理一直是我们处理各种冲突的基本思维模式，无论是处理人际冲突或企业内部冲突都如此。这是一场战争，一次竞赛，而我们就是那个好人：那个在第一局中可能要输掉比赛的赛手。最后的结果似乎总会是一种公平交易——对方收获多，而自己收获少。当然，我们都听说过双赢局面，但实际情况往往是对方并不在乎你收获的那一半。而且在战斗激烈时，很难创造性地思考对自己来说该如何以较小的预算达成双赢的结果。

但还有一个更好的方法。如果你不将解决冲突及谈判看做是大事，而尝试将它当成一次旅行——一次别开生面的旅行，那么，你看待这种艰难而又徒劳无益的人际活动的方式就会有所改变。而且最近十年关于这一话题的研究和讨论都表明，不管对方最终是否愿意合作，这种看待冲突解决之道的方式都是有效的。

冲突对于个人及企业的成长必不可少

以这种方式看待冲突及解决冲突，就会发现其实它们是企业行为的本质不可或缺的一部分。正如专家彼得·M.凯利特（Peter M. Kellett）和黛安娜·G.多尔顿（Dianna G. Dalton）在《在谈判世界中管理冲突》（*Managing conflict in a Negotiated World*）一书中所写到的："冲突是企业组织中固有的存在物……冲突是促成企业达成平衡、有效运作的各种力量中不可或缺

的一种。首先,必须在创新与制度这对矛盾中求得平衡。当今企业要想兴盛、要想保持创造性,就必须允许员工自由表达意见、自由参与管理,这些都可以激发他们的创造性……(但是)同时也需要秩序,即制度,这样创造性才能得以引导,以完成企业的目标。"

对于成功的企业来说,这一点同样适用于他们与外部世界的交往。企业必须制定计划不断改变自身的环境或被环境所改变。如果他们可以做到前一点,就会逐渐成长,成为市场不可动摇的一部分。如果可以做到后一点,那么他们就会迅速根据环境的变化而做相应的改变,从而避免遭受僵化的公司所面临的失败。在上例中,你和营销部都清楚地知道,其实你们都是正确的。公司既需要被客户所推动,也需要去推动他们。你需要做的就是将这个最基本的道理演绎成一个不断发展的预算"故事"。

在个人的层次上,我们也需要走同样一段路程,即在两种要求之间达成平衡。一种是在我们周围的世界里留下自己的印记,另一种则是自我调整以适应我们所处的现实环境。解决冲突的实质其实就是将协作的路程变成一种有意识、有准备的旅行,从聆听开始,由了解而生发,然后经历观察,最后与发生冲突的伙伴建筑起一种新的、有建设性的协作关系。

从重新认识冲突及其解决之道开始

首先应该了解什么是不成功的解决之道。大多数人都不喜欢冲突,都愿意冲突从生活中消失。因此我们总倾向于安抚敌手——那些吱吱呀呀作响的轮子。我们想要的只是对当前形势作些微的调整,以维持平和的局面。在预算谈判中,当一方大发雷霆时,你通常都会选择息事宁人。如果一次得逞,那么他肯定会一再地使用这种伎俩。为什么不呢?这种方法多有效果,总有人会愿意为和平付出代价。

上述这种解决之道实际上是压制冲突,而不是解决冲突。正如谈判、协调专家肯尼思·克洛克(Kenneth Cloke)所说:"压制冲突是对邪恶的容忍,对不公的赞同,这种做法本身就是该被压制的。害怕变化,害怕冲突、对立,不敢奋起保卫正义,不敢要求得到必需得到的东西,不敢表达自己真正的想法,这种心态会在家庭、企业和社会中造成正直品质的丧失和人性价值观的毁灭。"

此外,成功解决冲突也不单纯是为了做一个了结。当总裁宣布你和营销部的相互争吵到此结束时,可能会出现"终结"。他会说:"够了!每个人的预算都比去年减少百分之三。到此为止。"克洛克说,"以终结的方

式解决冲突虽然不是明显地压制矛盾，或回避其潜在的原因，其实质却仍是对愤怒情绪的一种掩盖，企图粉饰一种彬彬有礼的、敷衍了事的和平来解决问题。终结通过一种自我复制的系统与压制联系在一起……因此冲突其实是压制的一种表现形式，而压制也是冲突的一种形式。那些支持压制和终结方式的人把冲突当成一种不应存在的罪恶。"

　　冲突的解决也不等同于安抚。安抚是给争辩双方扔一块骨头，让一方道歉或承诺不再做出类似冒犯的行为，或者让其中一方单方面采取某种讨好另一方的措施。下例中所施用的就是典型的安抚政策：当营销部长一脸得意，而你却情绪异常低落时，总裁对营销部长说："鲍勃，你可以改善一下这种局面，你答应简就其宠物计划做一定的研究。如果有大客户表示出兴趣，我们就往里面投点种子基金。"换句话，如果说压制是在预算谈判结束之际的短暂停火，那么安抚就是用小额的"安抚资金"来创造一种让双方更适宜继续合作的气氛。安抚可能是比较有用的步骤，但也不是冲突的最终解决之道，两者不可混淆。

　　最后，冲突的解决也不是妥协——将你的预算要求和营销部的要求折衷处理。正如克洛克所说："妥协意味着双方的互相取舍。妥协会引起两个方面的问题。当妥协堕化为缴械投降时会出现第一个问题。而当谈判方被迫就原则性问题做出让步时，第二个问题就随之而生，这就好比在真理与谎言、自由与奴役、和平与战争之间达成一种中庸的调和一样……妥协产生的结果只会是调和、平淡、平庸、含糊、普通和平凡。"如果折衷意味着你总得放弃那些可能让市场轰动的流行新产品，那么你将很快发现，一系列的妥协最终只会让你不得不放弃一种原则或一个梦想。

如果冲突的解决不是压制、终结、安抚，也不是妥协，那又会是什么？是"协作：一种可以带来新颖、独创的东西，一种可以创造变化的东西"。克洛克说："妥协产生的结果只会是调和、平淡、平庸、含糊、普通和平凡。协作则会带来意外的、相互促进的、变化的、唯一的、创新的和意想不到的结果。对矛盾双方来说，有简单和复杂两种融合方式。简单的融合包括增加、均分或将两者混杂，直到合而为一。复杂的融合则是将对立的双方共同置于一种富有建设性的紧张感之中，然后将他们复制或重组，直到发现某种新的、不同的东西。"

解决冲突的步骤

那么，应该如何协作式解决冲突呢？下面我们将详细阐述整个过程。

1. 聆听双方的意见

大多数人都想尽力减少冲突及其由此引发的情感不适，同时又觉得听取不同意见是件很痛苦的事，因为各自都希望维护自己的正确观点。然而，如果想从根本上改变造成冲突的局面，就必须听取不同意见。

克洛克和琼·戈德史密斯(Joan Goldsmith)在他们的著作《解决工作冲突——完全手册》(*Resolving Conflicts at Work：A Complete Guide for Everyone on the Job*)中列举了聆听的三个重要组成部分。首先，聆听的目标是增进了解。"了解冲突的起源和语境。为自己也为对方发现冲突的实质，这样不仅仅会有助于问题的终结，更会帮助你更好地了解、接受和找到冲突潜在原因的解决方法。"然后，才能抓住问题的核心。"积极、坦率、善意、用心去聆听，这会把你带至冲突的核心所在，而解决冲突和转变观念的所有途径都将在这里交汇。"最后，应竭力去发现冲突的核心处所潜藏的情感因素。"当强烈的情感浮出水面时，坦率而直接地将它传达给与之相关的每个人，那些隐藏的障碍就会得以清除，从而为解决、改变问题铺平道路。"

因此，你应该仔细聆听营销部的说法，然后问自己，他们为何会对市场调查表现出极大的热情？背后是怎样的情感因素在起作用？也许他们还尚未理解你的最新观念所代表的是怎样一种技术革新。

冲突过程中的聆听包括聆听双方的意见——己方的和对方的意见。通过这种积极、诚恳的参与,不仅可以了解己方和对方所处的立场,还可以借机弄清楚双方的共同利益,从而为协作打下基础。双方的出发点难道不都是迎合客户?为什么同一种愿望在实践中却相去万里呢?

> 理解双方冲突的语言对于整个
> 观念转变过程至关重要。

正确理解双方冲突的语言对于整个观念转变过程来说至关重要。是否使用了战争语言:"我们每提出一种观点,他们就会把它推翻"?是否使用了对抗性语言:"他们的队伍不按规则行事"?或者旅行语言:"让我们一起前行可以吗"等等?双方使用的语言可以暗示甚至可以控制谈判中的行为。如果你的语言显示出一种深藏的、暗示的怀疑,怀疑对方真正参与解决问题的诚意,那就应该把这些假想全部表达出来,否则它们会阻碍任何可能的协作。当然,这同样适用于对方。

2. 了解冲突背后的原因

通过细心聆听双方陈述自己的立场并留意他们使

用的语言,可以了解到双方互相敌视的原因,而在这之后,则应该寻找改变这种局面的方法了。你应该探索情感的深处,了解是什么使得这些情感如此强烈而且持久,是怎样的潜在担心阻碍着问题的解决?你嘲笑营销部的调查和中心小组的讨论背后究竟隐藏着什么?是不是越来越挑剔的消费者的古怪念头让你们双方都有受挫感?

一旦把情感因素弄清楚,那么对方坚持立场的本质也就一目了然了。正如克洛克和戈德史密斯所说:"要把重要的事物和绊脚石区分清楚。解决、改变问题的方式不是大声争辩谁对谁错,而是对话;不是各自坚持立场,而是共同合作以满足双方的要求。"克洛克和戈德史密斯进一步指出,要想在这方面有所突破,关键是从以往的困难局面中吸取教训。"每一次冲突都会引发困境,我们可以从中学习技巧,从而培养宽容、耐心、坚毅的个性。"

克洛克和戈德史密斯将隐藏在冲突表面之下的问题分为六层:个性;情感;兴趣、需求和愿望;自知自爱;潜在期望;以及历史遗留问题。当然还有其他一些层次,但这里所列举的冲突解决之道的"冰山"各层会帮助你找到一种走出困境的改变方式。如果没有充分认识到,或者完全忽视这六层中的任一层,都将会给解决问题带来许多障碍。参与者的个性是不是大相径庭?是否一方对另一方抱着隐藏的愤怒?你认为自己的强势和弱势何在？你们双方对冲突的结果是否有错误的期待？最后，你（对方）是否认为自己在进行一场全新的战斗，来解决上次战役没有解决的问题？这是不是和几年前那次你至今仍不愿提起的失败有关？是否依旧是营销部投入大笔赌注，结果半路又不得不撤出由它发起的大规模战争？

坦率地解剖自己并回答这些问题，虽然这对双方来说都十分困难，但如果希望自己的解决方案能重新打开局面，就不得不这样做。

3. 创造性地解决问题

如果深入考察自己的动机和愿望，你会发现自己总是面对两难选择和自相矛盾的境地。直面这些矛盾的确很困难，但要想解决冲突中那些最难以对付的情况，又不得不这样做。解决问题的基本思路其实就是这样：你知道最终必须以顾客为中心，但又不想放弃自己对高品质产品设计的追求。

首先，必须要接受这些矛盾，并且积聚力量、创造性地解决问题。然后，你应该找到解决这些问题的方法。正如克洛克和戈德史密斯所说："解决问题可以有很多的方法，但大多数人都抱着这样的心态：对方是对手，是敌人，我们必须打败、遏制他们。没有人会把这种冲突看成是学习和提高的好机会。我们一生都在面

对问题,但很少会停下脚步思索:怎样才能提高处理这些问题的方式?"

有没有其非对抗的方式能使你和营销部携手解决问题?能不能将几个大客户吸引到自己的研发过程中来?

只有真正了解双方的共同利益,才能达成创造性的解决方案。这也是反复强调用心聆听和学习的原因所在。

这是用改变的方式解决问题的关键一步。如果能通过认真的聆听和学习发现核心问题,然后找出创造性的解决方案,那么你已经把握了解决冲突最困难的部分。现在是真正考验你协作能力的时候了。创造性的解决方案来自于对双方共同点的真正理解。这就是为什么用心聆听及学习是如此重要的原因了。

4. 达成共识并采取行动

一旦你开始真正理解那些模糊的问题,并设计出了精彩的解决方案,重点就转变为说服双方依照你的方案行事了。在这个阶段,需要运用已经建立起来的谅解和信任关系劝说参与者放弃现状朝前走。

冲突是个人和企业成长的好机会。冲突往往很复杂，而且处于紧张氛围之中，但它却包含着创新和进步的巨大潜力。它的反面是停滞及懊恼：你和营销部浪费了大堆好想法，竞争者却把它们付诸实践。

参考阅读

Managing Conflict in a Negotiated World by Peter M. Kellett and Diana G. Dalton（2001，Sage Publications）

Resolving Conflicts at Work: A Complete Guide for Everyone on the Job by Kenneth Cloke and Joan Goldsmith（2000，Jossey-Bass）

4. 专家谈判　G. 理查德·谢尔教你如何常胜不败

4. 专家谈判

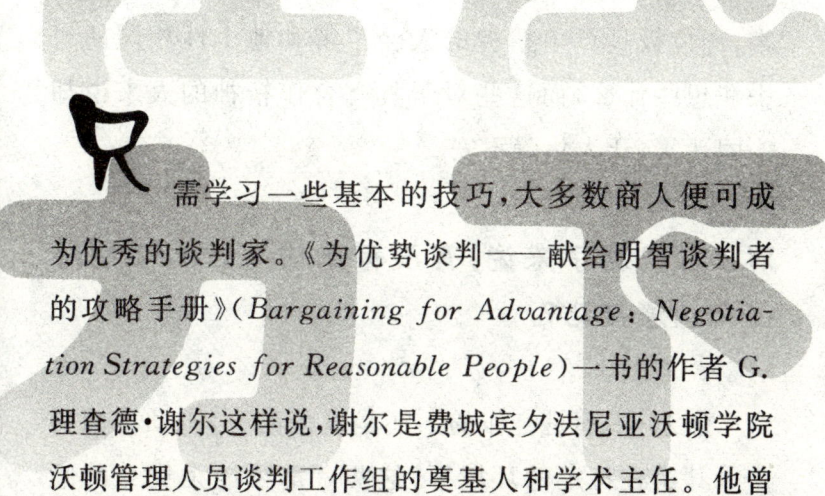

只需学习一些基本的技巧，大多数商人便可成为优秀的谈判家。《为优势谈判——献给明智谈判者的攻略手册》(Bargaining for Advantage: Negotiation Strategies for Reasonable People)一书的作者G.理查德·谢尔这样说，谢尔是费城宾夕法尼亚沃顿学院沃顿管理人员谈判工作组的奠基人和学术主任。他曾为各行各业的管理人员提供指导，现为沃顿学院法学系教授。最近HMCL特约撰稿人杰弗里·马歇尔(Jeffrey Marshall)在沃顿学院对他进行了一次采访。

如果你是A类个性的人，为何不能突然做一个随和的人？

谢尔：我们发现，如果培训员工时不注重他们的个性，那么培训就不算成功。我们首先会评估人们对待人际冲突的态度，以及他们对待谈判的态度。我们希望提高人们本该拥有的沟通技巧。如果你是一个非常有合作精神的人，那么在谈判一陷入僵局时，也很可能表现不好。

有时候你可能希望引入一些其他的资源，或干脆将谈判转交给另一位更富有竞争精神的人负责。通常，一位极具竞争精神的人会了解和他个性相同的对手在想些什么，而这些对于具有合作精神的人来说却一团迷雾，让人焦躁不安。

对于谈判新手来说，有没有比较有效的个性特征和沟通技巧？

谢尔：不管是合作的人还是竞争的人，主动去倾听——其实在特定的环境下，这两者都可能是优秀的倾听者——是关键的，也是较好的技巧。不过，竞争者在获取观点之后就不会再聆听，而是继续开始他新的征程。

想知道你的对手是否属于竞争型，关键是看他们是否礼尚往来。如果你把球打过去，球却没有再回来，那么你面对的肯定是富有竞争性的对手。应该及时做些调整。

谈判中类似肢体语言和眼神交流等非言语活动有多重要？

谢尔：我认为这些活动十分重要。但我们教学时发现，如果将注意力集中到这些方面，结果会适得其反。就好比买椟还珠一样。

如果对方把调查图表甩给我们看，我们还该继续做戏、继续压抑自己的情感吗？

谢尔：控制情绪通常比较有用，但有时宣泄情感也会起到不错的效果。我们常说：要会使用你的脾气，而不是没脾气。至于做戏，我们的观点是，自始至终都要扮演好自己作为谈判者的角色。

有时是不是应该威胁对手呢？

谢尔：使用威胁是谈判中非常有趣的一种选择。威胁说你将从对方那里取走某样东西，这其中暗含的信息是谈判中非常关键的一部分。对己方的这种威胁你必须感到理所当然，否则就不会成功。

明确地进行威胁是非常强烈的战略行动，我们认为在以下两种场合可以实施这一行动。第一，如果对方极富进攻性,他在谈判之初就开始威胁你,这时就不得不向他表明,你也可以威胁他。之后在这个问题上你们算是打成平手,每个人都知道对方可以伤害自己。如果对方一开始就表现出一种夸张的、咄咄逼人的姿态,你就可以采取上述威胁的做法;我们称之为"匹配"对手的风格。

另一种需要使用威胁手段的场合是在谈判结尾时。如果你已经用尽所有的积极手段,而对方依然固执地不肯合作,那么你可以威胁地告诉他们:丧失了这个机会,后果会很严重。这种威胁往往会使他们回过神来。

例如,诉讼可以用作威胁的手段。在日本,这可是爆炸性的效果。但在美国,诉讼就和开车一样普通。当你说:"如果你这么做,我们将不得不起诉你。"这是一种威胁,但对于美国的商业伙伴来说,这并不意味着世界末日。

为什么伟大的谈判家都是优秀的聆听者?为什么他们总问那么多问题?

谢尔:普通的谈判者只关注自身——自己的问题,自己的目标,自己对世界的看法。技艺娴熟的谈判家则关注对方。他们会在事先做好大量准备工作,头脑中准备一大堆问题。我们只会猜测对方如何看待世

界;而在娴熟的谈判家手中,这都变成了发问的主题。我认为对优秀的谈判家来说,他们最大的特点就是甘愿做无知者,或者说假装成无知者。

你曾说:"在该谈判的时候不要讨价还价。"这是什么意思?

谢尔:有时候人们说:"好吧,你开价10,我开价5,那我们就定在7.5吧。"人们会用这种模式去套用复杂得多的情况。事实上在那种情况下可能有五个问题,而不是一个问题;可能还会牵涉到关系问题。谈判是探索所有可能的解决方案,而不仅仅是各让一步。但如果有五个问题,你简单地一个一个浏览,说:"你在这个问题上立场是什么?嗯,这是我的立场,我们折衷处理吧。"这就是讨价还价。你最终会发现自己损失了一大笔钱,因为在那五个问题中,可能只有一两个对你来说至关重要,其他的则不然。如果在不重要的问题上完全让步,然后在比较重要的问题上得到全额,其他的则折衷处理,这对你来说可能会划算得多。

在一个谈判团队里,定期的沟通有多重要?

谢尔:生死攸关。而这恰恰是许多公司培训员工时忽视的一点。公司往往花费数万美元培训员工的销售能力和谈判能力，然后把他们组成团队，一起出去谈判；却没有在团队组织上进行任何培训。而需要团队工作的又恰恰是那些数额最大的生意。

将目标写下来，然后与别人交流，以避免单飞，这难道不是很正常吗？

谢尔：是的。一般来说，人们喜欢单飞。谈判研究表明，这样做你可能会成功，但会丢掉许多潜在的优势，因为你没有花费时间仔细考虑某个具体的愿望，并且在头脑中为之辩护。这对于那些合作型的人来说尤其重要，因为他们在谈判还没有真正开始之前就已经做出了许多让步。

坚持自己的目标非常重要。研究表明，如果把目标写下来，则会更加用心关注它，因为它变成了实实在在的东西。另一种方法是把这个目标告诉别人，配偶或伙伴都可以，因为这样你就有了必须负责的听众。

娴熟的谈判家会衡量哪种方法对自己更有利吗？

谢尔：我觉得会。如果牢记自己的目标，那么在谈判过程中，自然就会找到最好的方法让对方明白你的目标是合理的，而且是符合他们利益的。在研讨会上，我们经常说，用最简短的话概括谈判的准备过程，那就是扪心自问："我是谁，他们是谁，要付出怎样的代价才能说服他们？"而不管代价是什么，那都是你所要做的。

> "扪心自问:'我是谁,他们是谁,要付出怎样的代价才能说服他们?'不管代价是什么,那都是你所要做的。"

大多数专业人员都不是天生的谈判家,尤其在美国,因为在这里我们所拥有的不是一种讨价还价的文化。获取谈判的信息和知识,可以获得自信,而且在思想上会比较轻松,这一点可以让你的专业知识如虎添翼。提高自己的谈判技巧也会带来远远高于底线的利益和超额的回报。

参考阅读

Bargaining for Advantage: Negotiation Strategies for Reasonable People by G. Richard Shell (1999,Viking)

第四部分 跨文化谈判

也许造就成功谈判的积极关系所面临的最大威胁来自跨文化谈判——因为误解和混乱的可能性明显增大。随着全球商业的交流越来越丰富，能够熟练地进行协作式谈判的能力也越来越重要。

本部分所选的文章列举了跨文化谈判中一些常见的陷阱，并提供了避开这些陷阱的一些建议。优秀的谈判者知道，来自不同文化背景的人在很多问题上的看法都不一样，比如谈判时间应该多长，和交易细节相比关系有多重要，以及什么才是谈判之前比较合适的准备等。熟练的谈判者还知道决策方式的差异，努力构建合作的基础，并且灵巧地避免被对方的战术所控制。

1. 海外经商如何避免成为"丑陋的美国人"

安德鲁·罗森鲍姆
Andrew Rosenbaum

1. 海外经商如何避免成为"丑陋的美国人"

安德鲁·罗森鲍姆

你肯定知道这种典型形象:莽撞、无礼,眼里只有生意。他们有很多钱,但却没有文化。他们从不会对自己丧失信心,也从来不顾文化之间的差异。

他们就是"丑陋的美国人"。

这个典型形象的名字来自1958年的小说和1963年的电影。它在多大程度上适用于今天在世界各地做生意的美国人?在这个全球化世界,和外国同事合作中的美国商人究竟有多"丑陋"?

"和那本书写成时的美国人相比,今天的美国人更愿意努力去适应别的文化,"瑞士联合银行(UBS)管理发展中心的主任普拉布·格普塔拉(Prabhu Guptara)说。"但是美国人仍然需要提高这样一种意识:在美国成功的品质很可能会让你在欧洲或亚洲遭到失败。"

美国经理人员到国外工作时尤其需要注意沟通中的以下三个方面:

1. 谈判的节奏。外国人并不一定欣赏速度和直率这样的品质,尽管美国人很喜欢。
2. 人际关系的变化。在大多数发达国家中,交易以人为本,而不是惟利是图,因此不要带着"律师和美元"降临到那里去。
3. 演示的深度。在重视深度的文化中,华而不实的言辞和稍纵即逝的幻灯演示很可能不会很成功。你不如列出所有的数据,但要了解数据的含义。

为什么是这几个方面?"因为美国人比较喜欢快速、灵活地达成交易,以及深入、娴熟的营销,而对人际关系则不大重视,"安·麦克多纳·本特森(Ann McDonagh Bengtsson),这位住在法国的国际顾问专门研究动态管理,尤其关注牵涉多个不同文化的场合。"但是,大部分欧洲人和许多亚洲人甚至希望在交易真正开始之前就建立一种比较坚实的人际关系,然后在真正合作之前会要求进行细致、艰苦的研究和准备工作。"

日本跨文化研究专家北山忍(Shinobu Kitayama)说:"美国文化强调其以独立为核心的文化观念,重视个体和对个体价值的发掘与展现,不愿承认或重视与别人很明显的关系。这种价值观体现在教育和法律体系、工作和关心、个体认知、感情和动机等方面。"

本特森和北山接着说,与此相对,亚洲和欧洲文化比较重视相互关系,重视在社会环境中的自我和个性,重视人与人的关系以及与其他人和谐的共处。北山对

在同一所俄勒冈大学上学的 65 名中产阶级美国学生和 90 名日本学生进行了一次调查，让他们列举出自己感觉成功或失败的各种情景，结果美国学生更加关注自己作为个体而成功的方式，日本学生则认为，当所在的集体获得成功时自己才算成功。

美国管理人员到国外应该考虑到这些差异。因此，在国外时，要放慢节奏

放慢节奏

在美国之外，谈判和商业讨论的节奏都比较慢，位于纽约的"银行家托拉斯"在两年前与位于法兰克福的德意志银行合并时才认识到这一点。

德意志银行是一家规模很大的"通用"银行，德国人喜欢这么称呼这样的机构。该银行在本行业中各个领域都非常活跃，但是最需要加强的是投资银行业。因此才会出现与"银行家托拉斯"这样的投资企业合并的计划，后者正是拥有美国式"以交易为核心的"文化的一家专业商业银行。

亨利管理学院（位于英国泰晤士河畔亨利市区）的国际管理学教授特里·加里森（Terry Garrison）报道说，美方的管理人员很快发现，他们根本摸不清德方合作伙伴的底。"银行家托拉斯的'快枪手'习惯了快速

精确的决策,其管理建立在项目基础之上,制定计划很少会超越特定交易的范畴,但是他们发现与自己共事的'多数'银行家们却要几年才做一次计划,对他们来说,特定的'交易'可以接受,也可以不接受,他们的工作设定在集体管理的框架之内,这对美国人来说是完全陌生的。"

加里森曾组织一个研究班,帮助美国的管理人员适应欧洲大陆的银行文化。"主要是告诉美国人放慢速度,并学会用不同的方式来思考问题,"加里森说,"而那些一辈子都浸泡在信用管理文化中的德国人发现自己不仅需要快速地学习商业银行操作的知识,而且还需要一整套深深扎根于美国资本主义的新词汇。"

德意志银行总裁西格弗里德·古特曼(Siegfried Guterman)承认:"在合并之前,有很多无法估量的因素要考虑进来。"

强迫一位外国伙伴达成协议只会带来麻烦。

并不是说亚洲人和欧洲人不重视效率。相反,交易对他们来说更加理性、更加长远。某个特定的交易只有融入到一个更加稳定、更加宏大的目标体系才真正让人感兴趣。"催促对方加快速度的做法很可能会让他们整个地退出谈判。"本特森指出。

不要带着"律师和美元"降临

在欧洲和亚洲,个人关系和商业关系的相互渗透程度比美国要高很多。

"在美国以外的地区做生意时,与欧洲的和亚洲的伙伴达成相互信任是非常关键的因素,"格普塔拉说,"美国人可能相互之间并不欣赏,但是如果有'生意'可做,他们还是会去做。而大多数亚洲人和欧洲人——甚至是英国人——喜欢首先了解你个人。他们想确认对方是可靠的:不光这次你会不辞劳苦来和他们谈判,而且在以后他们需要你的时候,你还是会随传即到。"

因此,应该悠闲地与国外的预期商业伙伴用午餐。不要直接谈论生意——问问他们国家的基本情况。找到你们双方之间的共同点。也许你们都喜欢某一种运动?也可能你们都欣赏意大利葡萄酒?

在这段时间里,你可以观察对方的反应。什么会让他发笑?对某些表达方法他是否做出带敌意的反应?"当你们开始用甜点的时候,可以随意地提起生意这个话题。从他对此的反应可以获得进一步行动的信号。但还是要让对方来引导你。"格普塔拉说。

谈判专家都同意,强迫一位外国伙伴达成协议只会带来麻烦。"要果断地抛下这个话题,转而谈论天气,"加里森说,"不要太严肃,尤其是在开始的时候。要让对方看到,你并不是很着急结束生意,这样他才会认为你对待此事非常严肃。坚持要达成协议的话,他会认为你有点疯狂。"

美国商人不仅要在谈判时,更要在与欧洲人和亚洲人的日常工作中重视建立信任这个因素。

因为没有考虑到这一点,迪斯尼在巴黎设立其欧洲分部时得到了昂贵的教训。管理层以为法国雇员在工作中会符合美国人的期望,因此并没有花什么力气去建立一种信任关系。这种政策导致其与法国工会长期、痛苦的冲突。最后,迪斯尼只能屈服,雇佣法国管理人员。当管理层与工人开始相互信任时,劳工矛盾也逐渐平息了。

准备好细节

英国人在谈判时可能会接受华而不实的进程演示,但是欧洲和亚洲的许多国家并不接受。

"在欧洲和亚洲一些地方,商业有时会有学术性的一面,"格普塔拉说,"对这些人做商业演示就好像是做博士论文的答辩。他们期望你能够有真正的深度,能够展示所有的数据,而且还能回答每一个问题。如果你做不到,他们可能永远不会信任你。欧洲人对那

些无法回答关键问题的商人使用的称呼是'骗子'。"

预期商业伙伴坚持要求展示细节,这在你看来可能像是没有任何价值的炫耀,"然而他们的观点却是——细节是比较容易的部分,"本特森说,"彻底理解你的话题意味着——大多数欧洲人都这样认为,姑且不论其是对是错——风险已经得到了足够的控制。"

最近一家美国制造商在与一家法国客户谈判并购事宜时错误百出。这家美国公司一到巴黎,立刻邀请法国公司的董事会共进午餐。法方董事会成员属于非常传统的类型——都是名校毕业生,都认为自己非常时髦、聪明、彬彬有礼。

这些法国商人赶到午餐地点,结果大吃一惊,他们发现美国同行都戴着棒球帽,穿着体恤衫,上面印着自己公司的名字。桌上还摆着一堆同样的帽子和汗衫建议他们也穿上。

这种建议可以说非常鲁莽。但更糟糕的是,在用午餐时,法国人——在他们认为相隔足够长的时间之后——开始提出一些战略性的问题。结果很明显,除了资产负债表,美国管理人员对自己将要并购的公司一无所知。

那之后发生的事情也就不足为奇了,结果是法方公司的商人集体离开了谈判桌。

按规矩办事——对方的规矩

美国管理人员到国外商谈生意时,很容易带一些文化上的猜想。"当谈判时间拉长,或者遇到阻力时,这些文化猜想就会蹦出来,表现在谈判现场。"本特森指出。在这种时候应该记住的一点是,你正身处别人的文化之中,目前只能按照对方的规矩办事。

因为财政上的紧缩,现在的公司很少派遣管理人员到国外去,如果一位管理人员前往外国,那他将执行的肯定是比较重要的任务。因此,这些管理人员就必须尽力地适应另一种文化的规矩:谈话、交流和谈判的规矩。如果他做不到,如果他做事和臭名昭著的"丑陋的美国人"一样,那么成功的机会就微乎其微。

2. 如何避开跨文化谈判中的陷阱

安德鲁·罗森鲍姆
Andrew Rosenbaum

2. 如何避开跨文化谈判中的陷阱

安德鲁·罗森鲍姆

杉矶的亨利和东京的宏（Hiroshi）都喜欢阿曼尼衬衫、棒球、莫扎特和上等波尔多葡萄酒。但是亨利最近谈起他和这位预期商业伙伴相处的日子里，他们之间文化障碍那层纸从来没有被捅破——当然交易最终也没有成功。

问题在于双方对谈判过程本身看法的不同，以及对对方行为的误解。对亨利来说，谈判就是要达成交易，然后就画上句号。当亨利觉得谈判没有按照自己的想法比较迅速地开展，他的言辞开始变得强硬起来。而宏则认为这是一种不敬。因此谈判在整个协商过程结束前好几天就终结了。

尽管全球化交流和营销让世界在很多方面都变得比以前小，但是文化间的深层差异还是没有改变。虽然有着相同的品味，但是亨利和宏看待谈判的方式并不相同，都极大地受到各自民族文化的制约。他们在坐上谈判桌之前,并没有了解对方关于谈判过程的预想,所以他们最终的结局只能是死胡同。

了解各自的期待

对方对谈判的期待可能与你的期待大相径庭。和你一样,他应该也期望成功,但是他和他的同胞对成功的概念和你可能并不一样。

网络上的跨文化谈判有什么不同吗?

只有部分区别,加拿大康科迪娅·J. 莫尔森(Concordia J. Molson)商学院的乔治·E. 克斯滕(George E. Kersten)和维也纳大学的萨拜因·T. 科扎吉(Sabine T. Koszegi)说。这两人曾共同进行过网络谈判的研究。研究结果表明,文化因素对 e-谈判的影响和对传统形式谈判的影响没有什么区别;得出这样的结论可能比较奇怪,因为网络谈判中双方看不到对方。

"在面对面的谈判中,受试对象可以根据他们对对方文化的了解来调整自己的行为和态度。而在匿名的谈判中,参与者无法依靠这些线索,因此更倾向于按照本文化固有的模式来组织自己的行为。"这两位作家如是写到。

不同文化之间的决策风格也会有差异。美国经理通常自己做出决策,但是日本经理却倾向于集体决策,这种做法可能会拉长谈判的进程。岩下贡(Misugu Iwashita)是跨文化商业交流中心的主任,这位东京的管理顾问说,美国人重视灵活性,而日本的经理则认为,决策一旦完成,再做改变就是不体面的。了解这些深层的姿态可以帮助你认识预期伙伴的侧重点,而你也可以随之调整自己的战略。

建立合作的基础,选择谈判风格

尽力地寻找可以让外国同行与你分享的东西。这可以帮助避开"人际"问题——自尊战争、挽回面子等等——这是一个比较好的战术,因为这些问题往往会在你最意想不到的时候爆发出来。

现在真正的工作可以开始了。你必须在两种典型的谈判风格中做出选择:针锋相对的风格和解决问题的风格。针锋相对的谈判者是一个坚强的、要求苛刻的家伙,很少妥协。如果条件合适,他可以获得极大的成功。他要么大胜,要么一败涂地,但是从来不会达成某种带条件的协议。解决问题的谈判者视野比较宽广,总是努力在不破坏谈判的前提下获得尽量多的成果。她会尽一切可能建立合作的基础,在步步为营的基础上进行谈判。

尽管不能妄下断语,但专家都同意用解决问题的风格去进行跨文化谈判是一种比较精明的方法(实际上,许多人会说这种方法适用于所有的谈判)。解决问题的风格可以避免大错误,《商业交流中的文化问题》(Cultural Issues In bussiness Communication)(Program Facilitating and Consulting,2000)的合著者之一伊莱恩·温特斯(Elain Winters)这样说。

然而这种方法也有局限性。在许多文化中,谈判是一个程式化的过程,尤其是在开始阶段。很显然,学习特定文化中的这些谈判仪式非常重要,即便你的外国伙伴最终并没有这样的要求。比如,德国人通常需要花费大量时间进行初级谈判以确定各种数据。所有的事实和数字都必须达成一致,如果出错就会处于劣势!不过,德国人的这种特点并非完全是斤斤计较数字;这其实是一种建立信任关系的程式,两个未来的伙伴一道走过这种例行公事的核对是为了表示各自都值得信赖。而解决问题式的谈判风格着眼于迅速地寻找双方合作的基础,因此会成为对程式型谈判者的一种威胁。

"在面对谈判风格上的文化差异时,我们一定要小心那种灵活、混合的风格可能带来的负面影响。"威廉姆·马斯滕布勒克(Willem Mastenbroek)说,这位荷兰顾问小组(位于阿姆斯特丹)的主任同时也是阿姆斯特

丹自由大学的企业文化与交流教授。"如果人们没有正确地理解这种风格,就很可能会把它看成是一种阿谀、讨好的行为而因此产生厌恶的情绪。因为他们无法用同样的灵活来应对,所以可能会觉得自己很笨拙,有时候甚至会觉得低人一等,而且会让他们无法相信对方的诚意。他们可能会感觉,这好像是在努力将自己引诱到一种由对方主宰的游戏当中,肯定要处于劣势。"

控 制 谈 判

让我们假定,你已经顺利通过谈判的初级阶段,已经和预期客户达成共识。那么现在战术层面就开始扩大了。在这个阶段里,谈判双方开始在许多严肃的问题上你来我往,也正是在这个阶段,因为你对预期伙伴的文化特有的谈判行为进行了研究,所以会感觉得心应手。

比如,意大利谈判者往往会快速地推动这个阶段的进程,反复强调己方的条款,期望能借此让对手疲惫不堪。对此心知肚明的外国谈判者此时可以采取这样一种策略,那就是表现出你并不急于达成协议——转换话题,顾左右而言他,等等。

另一方面,中国谈判者通常会提出一个又一个的方案,来试探最终协议的底线。据温特斯的看法,在与中国商人的谈判中,非言语交流有时候非常重要。他可能会对你的问题置若罔闻,要求你从他的姿态和之前的语境来总结出希望知道的东西。由于西方文化比较外露,遇到这种行为方式可能会不知道如何继续下去,但在此时,耐心和演绎推理会让你走得更远。

除非遭受了严重的侮辱,大多数欧洲人一般不会中断谈判;但是,亚洲人如果觉得自己不满意对方谈判者的某些方面,会毫不犹豫地放弃这个项目。如果出现这种情况,可以尝试改变自己的行为方式,弥补出现的问题。

不过,在关注预期伙伴的文化时,不要忘了对方也是一个个体。最好能够尽量多地了解他的个性和交流方式。"把谈判方法和策略个人化,"温特斯说,"不要忽视文化(也不可能被忽视),努力将文化看成一种背景;将关注点集中在谈判桌上具体个人的能力上。这通常会比较成功,因为你们共同建立起来一种双方都能达成默契的新文化。"

作者简介

作者简介

汤姆·克拉登马克尔 (Tom Krattenmaker),作家;斯沃斯莫尔学院(Swarthmore College)新闻信息系主任,住址:费城。

丽贝卡·M.桑德斯 (Rebecca M. Saunders),自由作家,住址:纽约。

尼克·雷登 (Nick Wreden),著有《联合打出商标品牌:为客户经济打造战略品牌》(Fusion Branding: Strategic Branding for the Customer Economy)。

玛乔丽·科尔曼·阿伦 (Marjorie Corman Araon),自由作家。

斯蒂芬·伯恩哈特 (Stephen Bernhut),编辑(主要撰写商业和管理方面的文章),住址:多伦多。

杰夫·韦斯 (Jeff Weiss),优越公司(Vantage Partners)(一家顾问公司)的创建者和董事,住址:波士顿。

安妮·菲尔德　(Anne Field)职业:商业作家,地址:纽约州佩勒姆(Pelham, N. Y.)。

尼克·摩根　(Nick Morgan),《哈佛管理前沿》(*Harvard Management Update*)的前任编辑。

安德鲁·罗森鲍姆　(Andrew Rosenbaum),《时代》杂志驻阿姆斯特丹的记者。他也为一些专业期刊定期撰写欧洲财政和管理方面的文章。